妈妈的教养 爸爸的品行
决定孩子的素质

谈旭 — 著

台海出版社

图书在版编目(CIP)数据

妈妈的教养,爸爸的品行,决定孩子的素质 / 谈旭
著. -- 北京:台海出版社,2019.11
　ISBN 978-7-5168-2461-0

Ⅰ.①妈… Ⅱ.①谈… Ⅲ.①家庭教育 Ⅳ.①G78

中国版本图书馆 CIP 数据核字(2019)第 232985 号

妈妈的教养,爸爸的品行,决定孩子的素质

MAMA DE JIAOYANG, BABA DE PINXING, JUEDING HAIZI DE SUZHI

著　　者:谈　旭	
责任编辑:王　萍	
装帧设计:快乐文化	版式设计:通联图文
责任校对:唐思磊	责任印制:蔡　旭

出版发行:台海出版社
地　　址:北京市东城区景山东街 20 号　邮政编码:100009
电　　话:010-64041652(发行,邮购)
传　　真:010-84045799(总编室)
网　　址:www.taimeng.org.cn/thcbs/default.htm
E - mail:thcbs@126.com

经　　销:全国各地新华书店
印　　刷:北京柯蓝博泰印务有限公司
本书如有破损、缺页、装订错误,请与本社联系调换

开　　本:880mm×1230mm　　　1/32
字　　数:100 千字　　　　　印　张:6.25
版　　次:2019 年 11 月第 1 版　　印　次:2019 年 11 月第 1 次印刷
书　　号:ISBN 978-7-5168-2461-0

定　　价:39.80 元

前 言

1

原生家庭对孩子的影响往往是伴随他们一生的，评分极高的家庭剧《都挺好》中，小女儿苏明玉已然事业有成，不愁钱花，可即便如此，她也无法完全摆脱父母的影响。

能将一手烂牌打好的人实属凤毛麟角，大多数孩子无法逃脱原生家庭的影响。

因而，为人父母，我们必须严于律己，为孩子创造一个良好的生长环境，因为这关乎孩子一生的成败。

2

在踏入社会之前，孩子的人生经历通常比较单纯，也较少接触到社会的方方面面，他们对社会规则的认知一般都建立在对父母的模仿和学习上。

当遭遇不如意之事时，有些母亲往往控制不住自己的情绪，在日常生活中不停地念叨和埋怨；有些爸爸则会日日愁眉苦脸，极少和孩子亲密互动；更有甚者，父母还会因为琐事争吵，乃至动手。这些父母不自觉地向孩子们传递着负能量，导致他们对人与人之间的和谐相处产生怀疑和不解，甚至失去生活的信心。

好的家庭教育应该是父母的言传身教。所谓言传身教，便是父母要注意自身言行，用实际行动教育孩子为人处世的道理。

3

《大学》有云："古之欲明明德于天下者，先治其国；欲治其国者，先齐其家；欲齐其家者，先修其身。"

由此可见，家不齐者，诸事不成。

本书从十个方面出发，深入剖析家庭教育，旨在为各位父母，尤其是年轻的、经验不多的父母们提供些许育儿帮助。无论是对孩子性格的了解，还是对亲子沟通技巧的掌握，又或者是对孩子优良品质的培养，本书都一一进行了阐述，理论与实践相结合，让父母们能够更好地教育好孩子。

妈妈的教养、爸爸的品行，都会在生活中潜移默化地影响孩子。因此，虽然成为父母不需要通过考试，但为了孩子，爸爸妈妈们应该慎重对待孩子的教育问题，自觉成为合格的父母。

CONTENTS

目　录

上篇　有教养的妈妈胜过好老师

第一章

有教养的妈妈不生气，孩子才会更争气

3

1. 先控制自己的情绪，再招架孩子的脾气　　4

2. 迁怒孩子，有用吗？　　7

3. 理智疏导孩子的负面情绪　　10

4. 别拿"生气"要挟孩子　　14

5. 发火时，给情绪安个防火墙　　17

6. 学会接纳孩子的愤怒　　20

7. 女强人也是好妈妈，工作和做孩奴都快乐　　24

第二章

有教养的妈妈不虚荣,孩子永远比面子重要　　　29

　　1. 少说几个"别人家的孩子"　　　30

　　2. 孩子不是你用来展示的胸针耳环　　　33

　　3. 平等交流,放下身架,"蹲着"说话　　　35

　　4. 多多正面评价孩子　　　41

　　5. 低分数、高能力的也许就是你的孩子　　　44

　　6. 让孩子感觉到"妈妈在听"　　　46

第三章

有教养的妈妈不落伍,做孩子的美丽偶像　　　49

　　1. 避免"代沟",跟上孩子的潮流　　　50

　　2. 细节体现妈妈的修养　　　55

　　3. 多为孩子创造一些小惊喜　　　57

　　4. 注重外在,穿出时尚妈妈范儿　　　60

　　5. 让孩子感受到妈妈的心灵手巧　　　61

　　6. 做个和孩子一样好奇的年轻妈妈　　　63

　　7. 组团吧!多询问其他妈妈的经验　　　66

第四章

有教养的妈妈不包办,自由的孩子最自觉　　69

　　1. 让孩子懂得为自己负责　　70

　　2. 孩子自有他的办法,妈妈要舍得放手　　73

　　3. 让孩子自己选择,更容易解决问题　　76

　　4. 授之以渔,教给孩子做事方法　　77

　　5. 孩子不是橡皮泥,别随心所欲地"捏"　　79

第五章

有教养的妈妈最大气,纯洁的童心最幸福　　83

　　1. 有一颗宽容心,孩子更幸福　　84

　　2. 帮助孩子克服嫉妒心　　86

　　3. 教孩子学会欣赏他人　　89

　　4. 以身作则,让孩子懂得感恩　　91

　　5. 幸福是给孩子最好的礼物　　93

下篇　爸爸的品行影响孩子的一生

第六章

有品的爸爸，不做家教"甩手掌柜"　97

　　1. "爸爸"也是终身职业　98

　　2. 别忘记"养不教，父之过"　103

　　3. 大男人，也要善于表达对孩子的爱　106

　　4. 做孩子眼中的"英雄"　110

　　5. 别让不良嗜好影响孩子　112

　　6. 有爸爸的信任，孩子才勇敢　113

第七章

有品的爸爸不粗暴，会说服不会压服　117

　　1. 把"棍子"收起来，并不见得会宠坏孩子　118

　　2. 讽刺挖苦比打骂更严重　121

　　3. 粗暴命令，只会形成爸爸和孩子的对立　124

　　4. 爸爸除了明说外，也该学点暗示　126

　　5. 让每个孩子都"抬起头走路"　129

第八章

有品的爸爸重德育,寒门也能出贵子　　135

　1. 爸爸错了,就要道歉　　136

　2. 不要滥开"空头支票"　　139

　3. 随时随地进行爱心教育　　141

　4. 现代爸爸必须让孩子学会社交　　144

　5. 文明礼貌是孩子的"身份证"　　148

　6. 让孩子放弃"拼爹"的思想　　150

第九章

有品的爸爸有责任,给孩子一个坚强的世界　　153

　1. 强化孩子的心理承受能力　　154

　2. 因为懂得,所以勇敢　　158

　3. 责任是成长的第一步　　161

　4. 别让孩子把冷漠当坚强　　165

　5. 为孩子设定合理的目标　　169

第十章

有品的爸爸善挖掘,激活孩子的潜能量   173

     1. 爸爸别粗心,看看孩子的兴趣爱好   174

     2. 提升孩子的思维能力   177

     3. 学会与孩子讨论问题   179

     4. 胜败乃兵家常事,从竞争中收获精彩   182

     5. 合作能力是孩子成功的基础   184

上篇

有教养的妈妈胜过好老师

●●●●● 第一章 ●●●●●

有教养的妈妈不生气，
孩子才会更争气

1. 先控制自己的情绪，再招架孩子的脾气

成年人的世界处处皆是烦恼，不管是工作上不顺心，还是夫妻感情不和，又或者是孩子不听话，妈妈的脸上都会阴云密布，每天都皱着眉头抱怨。有些妈妈甚至在情绪失控时还会对孩子说："我养你有什么用！天天就知道给我找事情，惹我生气！我都快被气死了！"

因为年纪小，加上对妈妈的依赖性，孩子一般不会反抗。这就意味着面对妈妈的斥责，大多数孩子只能选择忍受，将所有的痛苦都埋藏在心底。然而，当这些负面能量累积超过了孩子所能承受的极限时，一旦爆发出来，孩子往往就会做出一些与平时大相径庭的事情来。

而在这种环境下长大的孩子，将来在处理人际关系时往往也比较易怒，容易情绪激动。这在心理学上被称为"仿同"心理，对孩子的健康成长十分不利。

妈妈带着六岁的女儿在一家装修精致的餐厅吃饭。女儿的注意力被桌上盛着果汁的半圆杯吸引了过去，她伸着手，不停地摸来摸去，很是好奇。忽然，伴随着一声

清脆的响声，半圆杯摔碎在地，她的胳膊上也被洒了许多果汁。

妈妈顿时就怒了，大声训斥着："我说过多少遍了？吃饭就好好吃，不要动手动脚的，你看看你现在做的好事！你以后如果再这样，妈妈就再也不带你出来吃饭了！赶紧的，跟我去洗手！"

说罢，妈妈急匆匆起身，却没注意到仍然搭在腿上的餐巾，一个转身之后，桌上所有的餐盘刀叉等物品全部都被餐巾给扯了下来。

噼里啪啦的清脆响声瞬间吸引了餐厅里其他人的注意，妈妈的脸色瞬间涨红，可她却立刻转身看着女儿，骂道："你看看你做的好事！就是因为你，现在什么都碎了，还吃什么吃，回家去吧！"

莫名其妙再一次被妈妈训斥的女儿顿时嘴巴一撇，哇的一声哭了出来。一边的服务员连忙过来解围，并劝说他们先去洗手间清洗果汁。等妈妈带着女儿重新回来的时候，服务员早已换好了新的餐具，但直至吃完离开，小女孩的脸上再也没有出现过笑容。

因为年纪小，孩子的自控力和判断力都比较差，容易犯错。孩子犯错时，很多妈妈通常都会在第一时间训斥，然而单纯的斥责并不能真正让孩子成长。或许，妈妈可以试着换一个角度，引导孩子变得更好。

当孩子哭闹不止时，一些妈妈会因为迟迟哄不好孩子而变得脾气暴躁，并试图通过大声训斥的方式让孩子认识到自己的错误。有些孩子的确会因此安静下来，但妈妈们需要知道，这种时候，孩子的认输并不是认错，他们并没有真正认识到自己的错误，此时的他们根本就是口服心不服。

以暴制暴的方式无论放在哪里都是不可取的，对于孩子更是如此。妈妈们在教育孩子时要多一些耐心，多一些沟通，而不是通过暴力的呵斥和责打来让孩子成为只知道机械服从的"乖宝宝"。

在感觉情绪即将失控时，妈妈们请深呼吸，冷静一分钟，再去教育孩子。

想要把控好孩子的情绪和想法，妈妈必须先控制好自己的情绪，避免过于情绪化的行为和语言。冲动之下的行为往往会造成不可弥补的严重后果，只有爱和耐心能让孩子爱上家这个温暖的港湾。

2. 迁怒孩子,有用吗?

日常生活中,大多数人的行为模式都会受到自己情绪的影响。

心情愉悦时,整个世界都是美好的,所有人都是友善和睦的;心情糟糕时,整个世界都是黑暗的,所有人都在嘲笑和讽刺自己。

当一个人处于愤怒的状态时,别人的好心安慰,也会被误认为是打着安慰的幌子来看自己的笑话,进而迁怒到这些人。

一般来说,最容易被迁怒的通常是大家最亲密的亲人。丈夫会迁怒家中的妻子,妈妈会迁怒幼小的孩子,孩子会迁怒操心的妈妈……最伤人心的话语往往出自我们身边最亲近之人。

成年人之间的迁怒或许可以通过道歉、解释的形式来达成和解,可对未成年的孩子来说,妈妈的每一次迁怒都是极大的伤害,是他们所不能理解的精神攻击。长此以往,只要妈妈的脸色稍微难看一些,孩子心中的那根弦就会紧紧绷起,想尽办法避开此时的妈妈。一旦避不开,又或者是做了一些小错事时,孩子就会遭遇妈妈暴风骤雨般的责骂。

然而,迁怒根本解决不了任何问题,妈妈的迁怒只会让孩子觉得恐惧,从而进一步拉开孩子和妈妈之间的距离。长此以往,对妈妈莫名其妙生气的不解,对自我认知的疑惑,那些因为被迁怒而堆积在孩子心里的委屈和不安,甚至会造成他们性格的扭曲。

大多数妈妈在拿孩子出气以后又会觉得愧疚和后悔,有的会哭着向孩子道歉,并给予一定的物质补偿。然而任何东西都无法弥补孩子受到的心灵创伤,而妈妈的反复无常也会影响孩子的性格养成,他们长大后也容易成为一个脾气暴躁、喜怒无常的人。

孙玉今年二十七岁,二十五岁时结婚,第二年宝宝就出世了。在朋友的眼中,孙玉已然完成了人生大事,以后的日子也不用太过忧愁,但其实此时的孙玉已经陷入了极大的焦虑之中。

曾经,孙玉的计划是三十岁之后再生孩子,但意外怀孕打破了她的计划,让她不得不辞职成了一名全职妈妈。但全职妈妈的艰辛并未得到老公的认可。有一次孙玉因为孩子的问题而给老公打了十几个电话之后,老公也完全失去了耐心,最后选择性忽视她的来电。

在全职妈妈偶尔的闲暇时光里，孙玉翻阅着朋友圈，看着朋友们此时仍旧光鲜靓丽、愉快潇洒的生活，孙玉忍不住捂脸痛哭。她现在不再是一名出色的公关经理，平时也根本没机会出去游玩，只能待在家里，无奈地和尿不湿以及吵闹不休的孩子共同熬过这段时光。

可即便如此，当孙玉因为孩子长久的吵闹而失去耐心时，孙玉的老公甚至还会指责她没有当妈的样子。这一切都让孙玉觉得崩溃，脾气也变得越来越暴躁，时常会忍不住对着孩子大骂。孙玉觉得，生孩子是她做的最错误的选择。

不良情绪是一种精神垃圾，它会在无声无息间破坏人与人之间的亲密关系。

生活中，每个人都会有不良情绪，如何和这些不良情绪达成和解，让自己保持乐观积极的心态，是每一位妈妈都必须去学习的地方，也是妈妈需要教给孩子的东西。

聪明的妈妈绝不会任由自己被负面情绪缠身，甚至因此影响到孩子的情绪，她会删除负面情绪，给孩子创造一个美好温馨的成长环境。

3. 理智疏导孩子的负面情绪

孩子的情感是最纯粹的,他们不会掩饰自己的情绪,高兴就笑,难过就哭,生气就吼。在发现孩子产生负面情绪时,妈妈们需要做出正确的疏导,引导孩子学会直面和战胜负面情绪。

这年寒假,李阳的表弟赵宇来他们家过年,两个小男孩平时一直黏在一起,虽然偶尔会有口角,但很快就和好了,关系很不错。

正月初六那天是赵宇的生日,李阳妈妈前前后后操劳了许多,又是替他定制了好看的蛋糕,又是送了一辆拉风的红色跑车模型,还将外公外婆都请了过来,想要热热闹闹地为赵宇庆生。李阳一开始也很高兴,但当他发现妈妈忙得中午没有时间给他讲睡前故事时,心里顿时就有些不快,下午连话都少了许多。

晚餐正式开始,所有人都围着赵宇说笑,送给他各式各样的礼物。虽然李阳同样收到了礼物,但他觉得自己的礼物比不上赵宇的,既没有赵宇得到的多,也没有赵宇得到的好。李阳越想越不开心，待在一边闷闷不乐。

没多久，一些亲戚就注意到了李阳此时的状态，觉得平时活泼开朗的他今天有点奇怪，看起来很低落。

李阳的妈妈也注意到了这一点，在收拾完餐具后便找到了躲在卧室里哭泣的李阳，问道："为什么在这里哭？"

李阳哭着没回答。

妈妈想了想，说道："出来吧，我也给你买了一份拼图玩具，你去跟小宇一块玩吧。"

"不，我不去！我不要拼图玩具，我想要他的那个汽车玩具！妈妈，以后能不能不让他来我们家过年了？"李阳哭得更大声了。

妈妈听了脸色微变，问道："为什么？是因为大家今天对小宇的关心比较多，没有怎么跟你交流，还是因为小宇得到的礼物比你多呢？"

李阳抹着眼泪点头。

妈妈叹了口气，将李阳抱进怀里："孩子，你这是嫉妒，你在嫉妒小宇得到的关注，但这不是一种好的情绪，它只会让你越来越难过。"

"可是，妈妈，我只想让你是我一个人的妈妈。"在妈妈的安慰下，李阳平静了一些。

"是，今天妈妈是忽略了你，这点妈妈向你道歉。"妈妈摸着李阳的脑袋,缓缓说着,"但是今天是小宇的生日,他平时也没什么机会来我们家玩。我们作为主人,怎么能不好好招待客人呢?而且前些天,你不是也和小宇一起玩得很开心吗?"

"对不起妈妈……"李阳垂下了头,有些不好意思。

妈妈没有继续说教,而是摸着他的脑袋笑道:"好啦,赶紧出去和大家一起玩吧。"

"嗯!"李阳重重点头,从卧室里拿出自己去年得到的汽车模型,开开心心地找赵宇去玩了。

当孩子因为一些事情而情绪失控时,妈妈们不要过于焦虑,因为这只是孩子的一种表达方式。作为妈妈,要避免在此时对孩子不耐烦,尤其是说出一些诸如"你怎么这么不懂事"之类的话语。

这种话非但不能让孩子的负面情绪消失,还会导致孩子因为被否定而感到压抑。一些孩子会因此在之后的生活中不再愿意和妈妈沟通,而一旦失去了沟通,家庭教育便岌岌可危。

小齐在游泳培训班上了两个月的课,可这两个月里,他甚至都没有去游泳池里面待过。无论教练采取哪种方式带他下去,小齐都强烈拒绝,教练只好找小齐的妈妈过来沟通。

沟通之后,妈妈才发现,原来小齐十分怕水,他总是担心自己如果掉进水里没人来救他怎么办。

一开始,妈妈对此表示理解,陪小齐一起坐在旁边看着别的小朋友练习游泳。但时间一长,妈妈发现小齐根本没有任何下水的打算,便改变了策略,和小齐说道:"妈妈知道你怕水,可是你也看到了,这么久以来,这些小朋友都没有出事。你可以大胆尝试一下,妈妈会在旁边守着你的。"

"妈妈,我真的可以吗?"小齐弱弱地问着,还是有些不安。

"嗯。妈妈会为你感到骄傲的。"妈妈点头鼓励。

在妈妈的鼓励下,小齐终于试探着下了游泳池,在之后的不断训练中终于学会了游泳。

面对案例中的情形,一味迁就和忍让都不是正确的育儿方式。尊重并疏导孩子心底的负面情绪,才是每一位妈妈最应该去做的事情。当孩子因为某些恐惧或担忧拒绝配合的时候,妈妈应寻找机会鼓励孩子调整情绪,帮助孩子克服自己内心的障碍。

针对不同年龄段的孩子,妈妈应该采取不同的疏导方式。

若是孩子年纪非常小,当他们大声哭泣时,妈妈要根据具体情况来判断是否要阻止他们哭泣,因为对婴幼儿而言,哭泣其实一种宣泄情绪的方式。

若是孩子年纪大一些,妈妈可以选择鼓励孩子出去运动,通过肢体上的活动来排泄掉心中的垃圾情绪。

4. 别拿"生气"要挟孩子

有时候,妈妈生气,并不仅仅是为了宣泄和训斥,其实背后隐藏着的是她对孩子的担忧和关爱。

小黄放学后便直接跟着同学出去玩了,一直到天黑才回家。

久寻孩子不得的妈妈在看见回来的小黄之后,立即生气地大声骂道:"你还知道回来啊!我看你是玩得都不想回家了是不是?"

难道小黄的妈妈找了孩子这么久,就是为了和小黄说这样的气话吗?

当然不是，对妈妈来说，看到孩子安全回来就已经很庆幸了。只是因为之前对孩子的担忧让妈妈的心底积满了怒气和焦虑，最终让小黄妈妈在看见孩子的那一刻彻底爆发了出来。

但本来玩得很开心的小黄在听见妈妈的责骂之后，心情绝对糟糕透了，小小年纪的他也不会明白这是因为妈妈在关心自己。小黄只会觉得妈妈实在是太不可理喻了。那么这种时候，如果妈妈能够换一种表达方式，效果会不会不一样呢？

"小黄，这么晚才回来，你知道妈妈有多担心你出意外吗？在妈妈心里，你的安全是最重要的。现在你安全回来，妈妈终于放心了。但你可以答应妈妈，以后不管去哪里都先通知妈妈一声吗？"

如果妈妈这么跟孩子说，孩子难道还会不理解妈妈的关爱，还会感到愤怒吗？

妈妈在和孩子的相处过程中，不要让自己的爱成为孩子的负担，也不要总是通过训斥和生气来表达自己对孩子的关心。与其用愤怒的大吼来让孩子明白道理，不如试着告诉孩子自己最真实的感受。请多给孩子一些信任，只要妈妈愿意袒露心声，孩子一定会理解。

同样的一件事情，不同的解决方式会导致不同的结果。妈妈在日常生活中要做的便是控制住自己的情绪，通过讲道理让孩子真正认识到自己的错误,而不是口服心不服地认错。

据研究,年龄小于六岁的孩子长期处于妈妈动不动就生气的环境中, 他们的人格塑造往往会朝着负面发展,比如容易自卑、内向、胆小,严重的甚至还会有自杀倾向等。

生气并不能让妈妈解决和孩子之间的矛盾,反而会加剧双方的冲突。

比如,当孩子不听话时,妈妈不要脱口而出"你再不听话妈妈就生气了"这样的话语。

谨慎对待"生气"二字的使用,是每一位妈妈都必须学习的事情。

当孩子"不听话"时,妈妈们要静下心来仔细想想,这件事情到底是孩子错了,还是自己做得不对,而后再采取更为合适的教育方式。

须知,仅仅依靠训斥和责骂是无法让孩子真正学习到生活哲理的。这一方面是因为年纪小的孩子往往专注力不够,注意力很难集中在妈妈的谆谆教诲上,自然难以接受妈妈的教导。另一方面,孩子的智力尚未得到完全开发,难以理解妈妈所说的话。这时,妈妈就应该停下单方面的训斥,引导孩子多读书,多思考,提高智力和理解力。

总而言之，在育儿这件事情上，妈妈们要牢记三大理念——一切为了孩子的身体、一切为了孩子的心态、一切为了孩子的学业。

健康的人格和心理状态能让孩子正确面对人生的挫折，帮助他们健康快乐地实现成功。

5. 发火时，给情绪安个防火墙

有时，妈妈生气并不是因为孩子的行为，而是因为这些行为将妈妈内心的烦躁彻底勾了出来。她们生气不仅仅是因为这件事情，更是因为一直以来压抑在心底的那些负面情绪，然而，孩子不是你的出气筒，这种负面情绪不应该发泄在孩子身上。

以下有几点建议，妈妈们可以适当参考，以减轻生气对孩子的伤害。

（1）自我隔离

在感觉自己的怒火即将燃烧干净理智的时候，妈妈应该选择暂时离开孩子的身边，以防自己控制不住口出恶言，对孩子造成无法挽回的伤害。尤其是那些有"女子单打""男女混合双打"习惯的妈妈,更是必须离开。

这个时候选择离开并不意味着示弱,反而能够让孩子知道妈妈已经生气了,让孩子独自反思自己是不是做错了什么。等情绪平静之后,妈妈们再思考接下来该怎么做。

无数事实证明,平静状态下对孩子的教育效果,要远远好于大吼大叫时的责骂。当你能够心平气和地和孩子讨论时,孩子也才会愿意安静地聆听你的教诲。

(2) 沉默是金

祸从口出的道理自古就已经存在,人们在情绪激动时往往会说出一些意料之外的伤人之语,有的还会不停地翻旧账,让怒火越烧越旺。

所以,教育孩子时,妈妈一定要克制住碎碎念的本能,不要让一时的嘴快毁了你和孩子之间的感情。

适当的沉默能让妈妈和孩子都冷静下来,避免事件朝着不可控的方向发展下去。

(3) 快速评估

当在商场看见一件衣服时,很多女性很快就会从衣服的式样、颜色、材质等各方面给出一个判断,并在心中得出一个预估价位。一旦发现这件衣服的标价远高于自己的心理价位,大家当然就会放弃购买。但如果实际价格是心理预估的一半,相信许多人都会毫不犹豫地选择直接买单。

这一项天赋其实也可以运用到孩子的教育方面。当孩子做错了一件事情时，妈妈们先要控制住自己即将喷发的怒火，而后在心里做出一个判断：孩子此时的错误是否真的值得自己大发雷霆？如果得到的答案是值得，那么妈妈们就要板下脸来好生训斥一番。如果得到的答案是不值得，妈妈们就要放缓神色，冷静沟通。

比如，你一再跟孩子强调吃饭不要乱动，别浪费粮食，但孩子偏偏跟得了多动症一样扭来扭去，饭粒撒得到处都是。这个时候，妈妈请立刻在心中做出评估，孩子的这个错误严重级别为几，是否值得自己大吼大叫。

当妈妈学会正确评估孩子的错误时，也就掌握了育儿这门课程的入门券，不会在事后后悔刚刚一怒之下摔碎了手里精挑细算买来的饭碗。

(4) 坦然求助

妈妈的怒吼里藏着的往往是她们的无能为力。

一个能解决任何问题的妈妈通常不会对孩子大吼大叫，因为她们有能力化解和孩子相处时产生的各种危机。可是一旦觉得自己无法控制孩子，无法更好地帮助孩子解决问题时，妈妈们就会采取"怒吼式"的教育方法。因为这是妈妈的"特权"，她们现在唯一能做的就是通过打骂孩子，来重新找回为人母亲的控制力。

但暴力手段永远不是解决问题的正确方法。在面对孩子的各种错误时,妈妈应该积极寻找策略,正确引导孩子。单打独斗解决不了问题的时候,妈妈也可以向老公、爸爸、母亲求助,毕竟,办法总是比困难多的。

6. 学会接纳孩子的愤怒

愤怒的情绪似乎总是被人排斥,尤其是孩子因为各种原因哭泣或者吵闹时,妈妈们往往都无法忍受这种孩子式的"愤怒"。其实,愤怒不过是再正常不过的一种情绪,是孩子表达自己情绪的一种方式。妈妈们与其粗暴地去压制孩子的愤怒,不如告诉孩子怎样和愤怒和解,用正确的方式去体验和表现它。只有如此,孩子才能更为健康地成长。

坐在饭桌前,花花的脸色很不好看。当妈妈把盛好饭菜的碗放到她面前时,花花猛地一推,直接将碗给推了出去,还特别生气地说:"妈妈,我不想吃了!"

"为什么?"妈妈很是奇怪。

"今天的菜我一个也不喜欢。"花花摇头解释。

闻言,坐在一侧的爸爸从一边夹了片黄瓜放到花花碗里,并说道:"乖宝宝,这个很好吃的,你可以试试。"

"不,我不吃,我就是不吃!"花花更加生气了,大声喊叫起来,挥着手还想把面前的碗筷给推到地上去。

妈妈赶紧跑过来哄着,拿着勺子要喂她:"来,咱们先尝一口好不好? 真的很好吃的。"

然而,妈妈温柔的声音并没有说服花花,她依旧闹个不停,坚决不肯吃。爸爸有些生气,正要发火,被妈妈给拦住了,她无奈地摇了摇头,抱住了花花:"好,妈妈知道你爱吃炒鸡蛋,这就给你去做,好吗?"

孩子的哭闹行为永远是最让家长头痛的事情。当孩子用哭泣来"威胁"家长答应一些事情时,很多妈妈会因为受不了吵闹声而答应下来。但长此以往,孩子们就会领会到,哭,可以换来妈妈的妥协,于是在日后的生活中会更多地用哭闹来换取想要的东西。

然而,一味溺爱孩子,只要孩子哭闹便无条件满足他们的要求,这并不是正确的育儿方式。

一般来说,孩子一岁之前的哭闹和脾气大多数是合理的,是正常的情绪宣泄。但一岁之后,宝宝们便会有用哭闹操纵家长的意识。这时,妈妈就需要懂得取舍,用实际行动培养孩子的价值观和是非观。

阳阳从小就喜欢听儿歌和睡前故事，妈妈也每天都会满足阳阳的要求。

这一天，按照学校要求，妈妈吃完晚饭后就一边放着儿歌，一边替阳阳做手工作业。其间，阳阳总是让妈妈重新播放儿歌。一开始，妈妈还很有耐心，但次数多了，就逐渐烦躁了起来。

时间已经不早，手工作业还没完成，于是妈妈选择专心做手工，没再去管阳阳的其他要求。当妈妈终于做好手工抬头去看儿子的时候，却发现不知道什么时候他给自己抹了一脸的护手霜，衣服上也全都是乱七八糟的污渍。妈妈顿时怒了："你看看你现在像什么样子，妈妈在这里辛辛苦苦给你做手工，你呢？就知道玩！还不赶紧去洗手洗脸！"

本来还开开心心的阳阳顿时就不高兴了，一声不吭地跑去洗漱，而后闷闷不乐地爬上床。

这时，妈妈已经冷静下来，准备给阳阳讲每天的睡前故事。只是故事还没讲完，她就想起洗衣机里的衣服还没晾，便赶紧跑去晾衣服。衣服还没晾完，妈妈就听见屋内传来了撕书的声音，她立即跑回去看。

果然，阳阳正生气地撕着故事书。妈妈气急想骂，可当她看见阳阳眼神里的愤怒时，心里顿时咯噔一下，转而说道："你是不是生气妈妈今天没怎么关心你？可是妈妈每天都有很多事情要做，有时候也会觉得累，不可能时时刻刻都陪在你身边。阳阳答应妈妈，以后妈妈有什么做得不好的地方，你跟妈妈好好说，不要随便撕书或者冲动做事好不好？"

"妈妈，对不起，我错了，我以后再也不任性了。"在妈妈温柔的教导下，阳阳认识到了自己的错误。

面对孩子的脾气，一些妈妈会因为觉得委屈而动怒。她们觉得拉扯孩子长大本就不易，孩子有什么资格和她们生气？然而，孩子的生命虽然是你赋予的，但他们是独立的个体，不应该被完全控制。

孩子也会有自己的思想和情绪，也需要有发泄不满的空间。因此，妈妈们要学会理解孩子的脾气，适当让孩子将藏在心底的负面情绪发泄出来。这并不是溺爱，而是对孩子情绪的正确疏导。

以暴制暴，以愤怒对抗愤怒，永远不是可取的方法。妈妈们可以学着控制自己的情绪，用温和平静的语言去引导孩子学会舒缓情绪，而不是靠怒吼来强行压制孩子的脾气。当妈妈学会控制情绪之后，孩子们往往也会在相处中通过模仿习得相应的处理方式。

7. 女强人也是好妈妈,工作和做孩奴都快乐

　　热播电视剧《蜗居》中有这样一段话:"每天一睁开眼,就有一串数字蹦出脑海——房贷六千,吃穿用度两千五,孩子上幼儿园一千五,人情往来六百,交通费五百八,物业管理三四百,手机费两百五,还有煤气水电费两百。也就是说,从我苏醒的第一个呼吸起,每天要至少进账四百——这就是我活在这个城市的成本。"

　　这其实也是现实生活中许多人恐惧婚姻、恐惧生子的一大原因。因为结婚,不少夫妻立刻背上了沉重的房贷、车贷,不敢失业,不敢辞职。因为生子,爸爸妈妈们更是成了"孩子奴",不敢旅游,不敢花钱,甚至不敢生病。因为那个时候,家中所有的资源全都要倾斜在孩子身上,妈妈们也不敢随意成为家庭主妇,因为生活中的柴米油盐都需要用钱去换取。

　　作为一名上班族妈妈,薛丽每天的生活都十分忙碌。早上闹钟响起的那一刻,她就必须起来,从冲泡奶粉开始忙碌的一天。安顿好宝宝后,薛丽就立刻出门赶地

铁,在人潮拥挤中艰难地来到公司,而后立即进入紧张的工作状态,一点也不敢休息,因为她害怕被辞退。

一天下来,薛丽已然筋疲力尽,可工作结束并不意味着这一天的忙碌就结束了。她还要迅速赶回家里,照顾宝宝,烧饭洗衣,打扫卫生等。好不容易哄着宝宝睡着了,差不多已经晚上十点了,但薛丽还是不敢睡觉,因为她必须不断学习充电,才能在职场中保持足够的竞争力。

其实相较于不少妈妈,薛丽已经属于那种能够较好控制住生活节奏的人了。很多妈妈在产假结束上班之后,会因为各种新问题的出现而焦头烂额。一方面,她们需要工作来支撑生活,另一方面,她们又必须花费更多的时间在家庭中。因为这些难题无法解决,有些妈妈甚至会患上产后忧郁症。

"没有,我没什么高兴的事情,我感觉日子过得一点也不开心。"一个孩子对着身边的小伙伴说了这么一句话。

一边正在阳台给花儿浇水的妈妈一愣,随即想起了当初闺蜜跟自己说过的事情。

之前,闺蜜就不止一次跟她提过,说她家孩子天天沉着张脸，看起来就没有开心的时候。

那时，妈妈还觉得闺蜜是在小题大做。因为他们家经济条件还算不错，孩子有数不清的玩具、电脑和名牌衣服，可以说是吃喝玩乐都不用愁。小孩子要的不就是这些吗？还会有啥不高兴的？

然而此时亲耳听见孩子这么说，妈妈终于重视了起来。她立刻走到房间里给出差在外的老公打了电话抱怨："你说你总出差，我一个人又要上班，又要照顾孩子，哪里顾得上许多？现在孩子都快抑郁了，你还不抓紧时间回来陪陪孩子。"

丈夫很是奇怪，问道："发生了什么？"

于是妈妈就把孩子刚刚说的话跟丈夫说了一遍，谁知丈夫却笑了起来："你没觉得这句话很耳熟吗？"

妈妈一愣，这才反应过来。不快乐不就是她一直都在说的吗？在生活里，她似乎时时刻刻都在抱怨，不是怪工作压力太大，就是抱怨孩子太难带……

原来，她的每一次抱怨都被孩子听进了心里。

在日常生活中，妈妈对孩子的影响是巨大的，妈妈的负面情绪必然会给孩子造成负面影响。

一个家庭是否能够获得幸福，很大程度上取决于妈妈的为人处世。快乐的妈妈才能让孩子在幸福和爱中成长，才能培养出一个乐观坚强的孩子来。

其实对妈妈而言，上班和带孩子并不是完全对立的存在，带孩子不意味着就不能好好工作。

妈妈可以将孩子视作工作的动力，为了给孩子一个美好的成长环境而不断奋斗。从孩子呱呱坠地那一刻起，妈妈和孩子之间的联系便已然不可分割。那第一声软软糯糯的"妈妈"，那生活中的童言稚语，是否都会给妈妈平淡的生活增添一些快乐？

生了孩子就不敢生病？妈妈是否就要学会健康饮食，健康运动？

生了孩子就不敢辞职？妈妈是否就会不断提升自我技能，逼迫自己获得更高的工作成就？

生了孩子就不敢花钱？妈妈是否就会因此学会理财，再也不做一个储蓄无能的月光族？

凡事有利有弊，妈妈要快乐地看待孩子的降临，因为那是上天给予妈妈的最珍贵的礼物。

第二章

有教养的妈妈不虚荣，
孩子永远比面子重要

1. 少说几个"别人家的孩子"

中国妈妈日常最喜欢做的一件事情，就是拿自家孩子和别人的孩子做比较。不管是孩子的学习成绩、个人才艺，又或者是样貌等，妈妈们都会不自觉地拿出来和别人家的孩子进行比较。如果自家孩子的成绩优于别人家的，妈妈的脸上便会绽放出得意和开心；如果自家孩子不如别人家的，妈妈们就会觉得脸上无光，希望通过逼迫孩子来改变这种现状，甚至会不停地对孩子说："你看看那谁谁家的孩子，你要是有他一半好我也就放心了！"

更糟糕的是，许多妈妈还特别喜欢当着孩子的面来进行比较，丝毫不顾及孩子的自尊心。

朵朵今年四岁了，性格很是活泼可爱，也喜欢画画。正好妈妈的同事要给女儿乐乐报绘画班，妈妈就帮着朵朵也一起报了名。

刚开始，朵朵每天都很开心，但不久之后，她越来越不喜欢去绘画班上课了。因为每次课程结束，妈妈都会拿朵朵的画和乐乐的进行比较。

"你看人家乐乐画得多好看，再看看你的，像什么呀？"

"这片叶子，你画得没乐乐画得逼真，下回要再努力一点啊。"

可朵朵对绘画班的抗拒并未让妈妈认识到这一点，她只是不理解，为什么女儿的耐心这么差，还没学几天就不肯再去了。

孩子们之间的攀比不可取，妈妈们对孩子之间的比较同样不可取。有时候，妈妈无心做出的比较会让孩子受到伤害，误以为妈妈爱的是别人家的孩子，而不是自己。长期生活在别人家孩子的阴影下，孩子的自尊心和自信心都会受到一定的打击，进而越发不愿和妈妈沟通。

孩子之间的横向比较并不能发挥出激励作用，反而会导致孩子失去自信。更何况，不同的孩子拥有不同的天赋，妈妈们不能总是用自家孩子的短处去和别人家孩子的长处做比较。与其希望用这种方式来让孩子学会成长和主动学习，妈妈们还不如去教孩子欣赏别人的长处和优点，让孩子主动自发地去学习。

当孩子在某个方面无论如何都无法和隔壁家的孩

子保持同等水平时，妈妈应该承认这种差异，并尊重孩子的个性天赋，而不是逼迫孩子继续疯狂学习。正确认识到彼此之间的差异，孩子才能在妈妈的帮助下取长补短，而不是在妈妈的批评和指责下越来越暴躁和不听话。

若是妈妈依旧觉得不甘心，不妨来一番换位思考。

如果孩子拿别人家的妈妈来和你做比较，你的感觉又会如何呢？

如果孩子说："妈妈，为什么别的小朋友的妈妈每天都会开很漂亮的车来接他们回家，可我们家却没有呢？"

这个时候，你该如何作答？心中是否觉得尴尬？

如果觉得受伤，那么还请各位妈妈放下和别人家孩子比较的执念，用鼓励和爱来正确引导孩子成长。

2. 孩子不是你用来展示的胸针耳环

每当逢年过节，妈妈们都热衷于让孩子来一场说唱就唱或者说跳就跳的表演。有些孩子乐于表演，因此会无条件遵从妈妈的指挥，可总有那么一两个孩子不肯配合，这时，有些妈妈就会冷脸斥责，认为孩子上不了台面。

孩子难道是一件可供炫耀的产品吗？

不，他们不是。

这些执着于让孩子表演来获得别人赞赏的妈妈，她们注重的并不是孩子的才艺，而是自己的面子。为人母者，总希望自己的孩子是最优秀的那一个，然而，优秀并不意味着孩子一定要当众展示才艺，这只不过是妈妈们无意识的攀比行为而已。

妈妈们几乎都认为主动招呼别人是一种礼貌，因此在孩子很小的时候，妈妈们就会"命令"孩子根据自己的提示与别人打招呼，诸如"快叫叔叔、奶奶、阿姨"等。

然而幼教专家研究表明，在七岁以前，孩子正处于一个自我建构的阶段，其核心在于自我的塑造。妈妈在这个阶段强行命令孩子与陌生人打招呼,往往会引起他们的逆反心理。孩子会觉得奇怪,他们又不认识那些人,为什么非要打招呼呢?

其实八九岁之后,孩子完成了自我建构,自然就会主动与妈妈介绍的人打招呼,至少他们不会觉得反感。

因此,当孩子不肯打招呼时,不要脱口就是责骂,应该尊重孩子成长的自然法则。

事实上,一个从小总是满足妈妈"面子"需求的孩子,长大后往往容易失去自我,成为一个牺牲型,或者是表演型的人。

妈妈总是会说孩子永远是她心中的第一位,但这句话的真实性有待考察。因为将孩子放在第一位,意味着妈妈需要真正地将孩子的感受放在第一位,而不是单纯以自己的感受为准来要求和约束孩子。

"我做这些事情,究竟是真的为了孩子好,还是只是为了满足我的虚荣心?"这是每一位母亲都应该扪心自问的一个问题。孩子从来都不是妈妈为了表现自己而打造出来的产物,他们不该成为母亲胸口那枚展示个人魅力的胸针,也不该是母亲耳垂上那用来引人注目的耳环。

尊重,是每一位妈妈都必须给予孩子的最基本的内容。

3. 平等交流,放下身架,"蹲着"说话

在妈妈面前,很多孩子都没有平等说出需求的机会,因为妈妈总是认为自己是家长,对孩子有绝对的控制权,她们在潜意识里已经拒绝了和孩子的平等交流。

久而久之,孩子即便是遇到一些困难,他们也会尽量避免和父母交流,很少寻求父母的帮助,这不利于亲子关系的构建和维护。

美国家庭教育专家史蒂文曾说:"成功的家庭教育,是家长舍得拿出时间与孩子在一起,以一种平等的态度与孩子交流,对孩子正确的想法和行为给予充分的肯定。"

在西方国家,妈妈们都会尊重孩子的个性和差异性,让他们能够主动、独立地说出自己的想法,因此西方国家的孩子往往更有自信,更擅长独立思考。中国妈妈们也不妨学着放下母亲的架子,平等对待孩子的各种奇思异想,平等交流。当孩子提出某些异议时,妈妈不要急着否定,或者将自己的主观想法和判断强行按在孩子的身上,应该学会认真聆听孩子真正的想法。

无数事实证明,专制的妈妈往往会养出一个叛逆的孩子。即便这个孩子表面恭顺听话,他的内心或许早就积累了一堆负面情绪,只等有一天爆发出来,造成不可挽回的影响。

作为妈妈,我们需要改变传统刻板的教育观念,以平等的态度来和孩子沟通,以关爱来浇灌孩子的成长。

陶雪发现自从儿子上了小学之后就特别不听话,每次让他做点事情总是毫不犹豫地拒绝,怎么说也不听。有时候陶雪想让儿子收拾下厨房,可儿子不是用自己需要做作业来搪塞,就是说自己正在忙。哪怕是让他从客厅拿个东西过来,他都不愿意。

这一天,陶雪和老公带着儿子出去旅游。陶雪和老公坐在一起,儿子和一位阿姨坐在前面。汽车开了三个小时之后,儿子身边的阿姨晕车了,于是导游想让儿子把靠窗的位置让给阿姨坐。

可面对导游的请求,儿子毫不犹豫地说道:"车上那么多人,为什么偏偏要让我换!我不!"

见儿子这么不配合,陶雪很生气:"你难道看不见阿姨晕车难受吗?她坐外面会方便一点……"

"她晕车关我什么事?"没等陶雪说完,儿子毫不在意地反驳道。

儿子的恶劣态度显然引起了车内诸多人士的围观和不满，这时爸爸也赶紧训斥道："你再这样，以后爸爸妈妈不带你出来玩了！"

然而，面对爸爸的"威胁"，儿子依旧不为所动。

当孩子的年龄日渐增长之后，他们的自我意识会逐渐觉醒，因此会在被要求做出某些行为时，试探着举起手中的"表决牌"，以此来表示自己也有权利选择答应或拒绝。

这个时候，妈妈就不应该使用命令的语气来吩咐孩子做一些事情，而要学会尊重孩子，理解孩子，用平等的沟通来促使孩子同意合作。

为了开阔孩子的视野，周妈妈从小就给儿子买很多书，也会邀请他的朋友们过来一同阅读。的确，在小伙伴的陪伴下，大家读书的兴趣都比较高。

有一天，儿子又邀请了同学回来一起看书，周妈妈却发现有一个人总是在书架那边绕来绕去。她过去一问才知道，原来这孩子想看《海的女儿》，只是怎么也找不到。

周妈妈扫视了一圈，才发现原来这本《海的女儿》正在儿子的手里。于是周妈妈走了过去，低声和儿子说着："这本书先让你同学看一看吧，反正你有的是时间可以看。"

"为什么？这书明明是我先拿到的！"儿子明确表示了拒绝。

"可是妈妈不是教过你，和小伙伴相处要懂得分享吗？"周妈妈继续弯腰劝说着，儿子却直接背过身去，显然不愿意继续和她交流这个话题。

见此，周妈妈怒从心中起，直接从儿子的手里夺过了《海的女儿》，说："你是主人，要懂得谦让客人！"

"可是妈妈……"儿子委屈得都要哭了。

等到晚上周妈妈和老公说起这件事的时候，老公却摇了摇头表示不赞同："你这样对咱们孩子是不是太不公平了？孩子还小，你怎么能要求他将所有事情做得都十分完美呢？"

不同年龄阶段的孩子，在个性、心理等方面的确存在着差异，这些差异是每一位妈妈都需要好好钻研，并制定相应的教育方针的。

然而无论是哪个教育阶段，有一个核心内容是绝不会发生变化的——别用圣人的标准来要求自己的孩子。

孩子不同于成年人，他们的思维模式和行为方式还未完全形成一个完整而稳定的系统，也还并未完全符合现代社会的默认规则。也正因为如此,孩子往往会做出一些不符合社会规则的事情。面对这种情况,很多妈妈都会选择通过严厉批评来改变孩子的做法,但这其实并不可取。

孩子虽未成年,但也有自己的尊严和人格,也需要尊重和平等。只有给予孩子足够的尊重,妈妈才能真正地和孩子开展一场心与心之间的交流。否则,无论妈妈说多少遍,说得多么正确,孩子也只会对此左耳进右耳出,并不会真正放在心里。

那么作为妈妈,究竟该如何和孩子进行交流呢?或许我们可以来看看教育专家的意见。

(1)交流切忌情绪失控

面对孩子犯下的错误,很多妈妈都难以控制自己的情绪,但在过于激动的情绪下,妈妈们脱口而出的训斥和批评往往最伤害自己和孩子之间的情感。在发觉情绪即将失控时,妈妈不妨离开现场几分钟,等情绪冷静下来再去和孩子好好沟通交流。

(2)交流切忌啰唆重复

很多妈妈总是吐槽,她们每天都苦口婆心地教育孩子,但效果总是不够理想。这是为什么呢?其实很可能是因为妈妈们并没有掌握正确的沟通方式,只是机械地重复教育。

比如,当孩子犯了某个错误时,妈妈可以一天十几个小时都抓着这个错误不放,不间断地进行洗脑式教育。这种行为不仅不能让孩子正确认识到自己的错误,还会让他们觉得厌烦,乃至堵住耳朵,不愿再听。

(3) 交流切忌粗暴直接

凡是亲子关系和谐的家庭,妈妈在和孩子交流时必定是讲究方式的,她们不会直来直去,而是会用合适的方法正确交流,让孩子真正将妈妈的话听到心里去。相反,简单粗暴的填鸭式教育只会引起孩子的反感,最终不仅达不到教育效果,还会导致妈妈和孩子之间的关系越来越疏远。

(4) 交流切忌专制独行

培养孩子的独立性可以从日常生活中的小事做起。当一个家庭需要就某一件事情做出某个判断时,妈妈可以适当征求孩子的意见。即便最终没有采取孩子的意见,但这么做能让孩子意识到自己也是家庭中非常重要的一员,从而也让他学会尊重别人的意见。

"蹲下来"和孩子说话,是每一位妈妈都需要学习的交流方式。它可以帮助妈妈更好地和孩子沟通,让孩子积极向上地成长。只有"蹲下来"了,妈妈才能从孩子的视角去理解他们眼中的世界,才能明白孩子心中真正的想法。

4. 多多正面评价孩子

心理学家曾经做过一个调查：孩子最怕什么？研究结果表明：大多数孩子不怕吃苦，也不怕生活条件不够优越，他们怕的是丢面子。

从出生那一刻起，每一个人都必将面临各种各样的评价，包括样貌、性格、家世、才学、习惯等，而妈妈更是对孩子评价最直接的一个人。可以说，每个孩子都是在妈妈的评价之下成长起来的。

评价分为积极评价和消极评价，妈妈需要经常对孩子做出正面评价，给予他们肯定和赞扬，而不是一味地想要通过打压来逼迫孩子听取自己的建议。过多的负面评价会削弱孩子的自信心，对孩子产生不利的影响，严重的甚至可能会影响到孩子的人格发展。

著名教育家、赏识教育创始人周弘先生用实践证明：赏识教育能使一位先天耳聋的孩子成为一名对社会有用的人才。

爱的能量是无限的，母亲的爱能让孩子变得更为自信、更为勇敢；而在挑剔和责怪中长大的孩子，总是容易变得压抑和冷漠。

有些妈妈总是喜欢用贬低孩子的方式来刺激他们寻求进步,具体可以表现为:当孩子取得进步时,妈妈不仅不称赞,还会挑出孩子的短处来,和别人家孩子的长处去做比较。

这些妈妈认为,这样可以有效防止孩子产生骄傲的情绪,但事实并非如此。在这种环境下成长起来的孩子往往容易形成自卑的性格,难以塑造自信而强大的内心。

洋洋是一个很聪明的孩子,六岁就已经会背唐诗、会画画、会数数了,在学校里也备受同学的羡慕。但洋洋总是得不到妈妈的肯定。相反,妈妈还总是在他取得进步的时候批评他。

有一次,洋洋在书画比赛中获得了三等奖,他高兴地将奖状拿回家,却看见妈妈板着脸说:“别太得意了,不过是一个三等奖而已。”

高兴的洋洋瞬间就遭到了打击,他蔫蔫地跑去了洗手间。这时,坐在一边的姑姑对着洋洋妈妈摇了摇头,问道:“你怎么不夸一夸孩子?”

“有什么好夸的?不就是个三等奖,没什么了不起的。他要是能拿回来个第一名,我肯定夸。”洋洋妈妈不屑地说着。

这些话落在了从洗手间出来的洋洋耳朵里，他觉得难过极了。

从小就在打击和批评中成长起来的孩子，性格上往往会轻易否定自己，并且时常觉得焦虑不安。等到踏入社会，这类人很难适应压力较大的工作和生活。

因此，在孩子的教育方面，妈妈需要避免过多的消极评价，要适时给予肯定和表扬，具体可以从以下几个方面来进行：

第一，教育孩子时，妈妈要注意措辞和情绪，特别是在公共场合，千万不要大声训斥和挖苦孩子，要学会动之以情，晓之以理。

第二，当孩子犯错时，妈妈不要出口就是训斥和责怪，而要先弄清孩子做这些事情的理由和动机，然后再加以引导，帮助孩子克服困难。

第三，翻旧账永远都不是一个正确的教育方式，当孩子又做错了某件事情时，妈妈要学会就事论事，而不是翻出几百年前的旧账来再狠狠教训一番。

第四，孩子的成长需要精心的呵护和栽培，妈妈为孩子保驾护航时切忌要求过度。适当的批评的确能促使孩子认清问题，然而过度的严格也会导致孩子对母亲过度依赖,丧失自尊心和自信心。因此在孩子犯错时,妈妈要学会通过循循善诱的方式来引导孩子认清并改正错误。

第五,孩子是需要肯定和表扬的。当孩子取得进步时,哪怕是很微小的进步,妈妈也要适时给予赞许。

5. 低分数、高能力的也许就是你的孩子

很多妈妈都希望自己的孩子能够在每一场考试中都取得高分,而不是拿回来一张名次垫底的成绩单。但名次和成绩永远都不是衡量孩子学习成果的唯一标准,希望各位妈妈能明确这一点。

有些孩子虽然成绩名列前茅,但无论是为人处世,还是在生活技能上,都存在较大的问题。高分低能,说的就是这类孩子。

美国发明家托马斯·阿尔瓦·爱迪生举世闻名,他发明的电灯点亮了无数人的夜空,但其实爱迪生并不是一位传统意义上的好学生。爱迪生七岁开始上学,但仅仅

在学校待了三个月之后,他就被老师劝退了,理由是——太笨。老师认为爱迪生不仅学习不认真,还总是会提出一些稀奇古怪的问题,干扰到其他孩子的学习。

但面对老师的否定,爱迪生的妈妈却没有因此放弃他,而是不断地鼓励爱迪生,并努力为孩子提供如《自然读本》等爱迪生感兴趣的书籍,以及相关的实验器材。

在妈妈的鼓励下,爱迪生也没有自暴自弃,而是在不断摸索中创造出了一个个令世人惊叹的发明。

分数不是判断人才的唯一标准,因此人们越来越注重素质教育。不同的孩子总是会在各个方面表现出差异性来,包括很多妈妈看重的分数,也包括其他一些个性化的才能。妈妈需要合理引导和帮助孩子更好地学习学校开设的主流课程,同时也不要忽视孩子其他方面才能的挖掘。

正所谓三百六十行,行行出状元,每个孩子都会有自己擅长和不擅长的地方,妈妈需要用一双慧眼去挖掘自家孩子的才能,对其进行最合理的培养。

普通教育能做的,只是让孩子这块宝地变得更加肥沃,但妈妈应该注重的特长挖掘及训练却无疑能勘探出孩子身上隐藏的宝藏。

6. 让孩子感觉到"妈妈在听"

九岁的乐乐是家中的独生女,一直备受宠爱。这个周末,乐乐的小姨带着小表弟石头来家里玩。石头来的时候,乐乐刚好在看动画片,石头便开心地跟在一边一起看。

没一会儿,乐乐对动画片就失去了兴趣,迅速切换了频道。一边的石头立刻就不开心了,只是他和乐乐闹了几次,乐乐都没同意换回动画片。

等到吃饭的时候,乐乐捧着碗忽然喊了起来:"你踢我干什么?"说罢,乐乐也迅速抬脚,一脚踹了回去,直接把石头给踹得哭了起来。大人一问才知道,原来是石头刚刚不小心踢到了乐乐。

因为两个孩子的问题,这一顿饭吃得有些尴尬。

等到小姨带着石头离开后,妈妈立即坐到了乐乐的面前,语重心长道:"你知道你今天犯了几个错误吗?"

"两个!"

"哪两个?"

"一个是没有带石头看动画片,还有一个就是我踢了他。"乐乐回答得十分干脆。

妈妈的脸沉了下来,问道:"既然知道,为什么还要这样做?"

然而乐乐却摇着头,不满道:"妈妈,我是不是跟你说过,我不喜欢看动画片?吃饭之前我也说了,不要让我和石头坐在一起,可你偏偏不听……"

乐乐的控诉顿时让妈妈愣住了,她仔细回想了一下,女儿的确跟她提过这些要求,是她自己忽视了。

妈妈都希望能和孩子进行有效和谐的交流,但并不是每一位妈妈都能做好这一点,因为沟通也是有诀窍的。

当孩子选择主动与妈妈交流时,妈妈要学会认真倾听,并给予应有的回应,而不是一边做着事情,一边敷衍地听着。

只有当孩子感觉到妈妈的确在认真倾听时,孩子才会愿意真正地说出自己的心里话。

尊重和重视是相互的,你给予孩子多少,他们也必将回馈给你多少。

此外,和孩子沟通时,妈妈仅仅学会认真聆听还不够,还需要在这个基础上懂得如何正确交流和抚慰。孩子的想法总是天马行空，也容易将一些本来简单的事情想得十分复杂，妈妈需要通过交流正确了解孩子的想法，帮助孩子走出自我设置的困境。

● ● ● ● ● 第三章 ● ● ● ● ●

有教养的妈妈不落伍，
做孩子的美丽偶像

1. 避免"代沟",跟上孩子的潮流

日常生活中,你是否听过以下几种抱怨?

"我妈妈真的很古板,总是用老一套的想法来管我,但他们那一套现在根本就行不通。"

"我简直没办法跟我妈沟通,她永远都只会说我不听话。"

"我根本就懒得和我妈沟通,因为她只会否定我的决定。"

如果听过这些抱怨,各位妈妈的确应该好好思考一下,孩子到底为什么不愿意和自己沟通?

是因为所谓的代沟吗?

隔代之人的确容易产生代沟,毕竟两代人的成长环境不同,面临的问题也有很大差别,自然会在价值观念、思维方式以及行为模式等各方面产生不同,而这也会导致母子之间的交流产生更多障碍。

那么,产生这些代沟的具体原因有哪些呢?

首先,我们从心理方面来进行探讨。

随着年龄的增长,孩子的心理和生理都会发生巨大

的变化。无论是身高体重的迅速攀升，还是青春发育期第二性征的迅速出现，都会对孩子产生各方面的影响。在这个阶段，孩子会逐渐向成人过渡，他们会更加注重自我，注重独立性，也更希望能够掌控自己的人生。因此，此时的教育往往是最困难的。

在这个时期，孩子们希望得到别人的尊重，但妈妈们往往会因为他们还是孩子而拒绝给予应有的尊重；孩子们希望能够完全独立生活，但妈妈们已经习惯了替孩子操办一切；孩子们希望能够被理解，但妈妈们往往会忽视孩子的沟通需求，一味要求孩子按照自己的想法去做。这些问题会激化母亲和孩子之间的矛盾，最终形成双方之间所谓的代沟。而想要改变这一切，需要妈妈们正确认识到孩子的成长，给予孩子足够的尊重和理解。

接下来，再说一说社会原因。

时代在不断进步和发展，这意味着妈妈和孩子所经受的教育和成长经历是有差别的。因此，在面对生活和学习方面的问题时，妈妈和孩子之间也必然会存在不同的看法和态度。这时，如果妈妈不能及时调整心态，不能主动去了解当代生活状况以及社会发展需求，自然就会和孩子产生代沟，导致彼此无法沟通。

举个例子，现在是信息社会，在这种环境下成长起来的孩子无疑更加关心网络信息，也更愿意去了解网络上展现的外界事物。如果这个时候妈妈还只是一味注重学习,禁止孩子接触任何科技产品和社会新闻,孩子必然会觉得妈妈太过专制,且不懂变通。

因此,当发现孩子在关注某个社会新闻时,妈妈请不要急着赶他们去学习,不妨坐下来,陪孩子一起探讨一番,说不定还可借此了解孩子的三观或者帮助他们树立正确的三观,何乐而不为呢?

最后,家庭原因也不能忽视。

家庭是最容易存在代沟的地方,具体表现有以下几点:

(1) 妈妈的教育态度有问题

一些妈妈总是认为孩子是自己的私有物品,他们必须听从自己的指令,不允许孩子有任何反抗和出格的地方。这些妈妈往往不会给予孩子任何自由和尊重,甚至会不分场合和时间地批评和指责孩子,完全不给孩子留面子。

(2) 妈妈的教育方式有问题

面对不同年龄阶段的孩子,妈妈也需要及时调整教育方式,切勿一直沿用幼儿时期的教育方式。

当孩子步入中小学时,妈妈需要适当放手,不必再事无巨细地过问。因为这个时候的孩子已经有了一定的自我意识和独立意识,妈妈过多过细的要求和管教必然会引起孩子的反感，从而导致孩子进一步封闭内心，拒绝交流。

（3）妈妈有时会拒绝了解和沟通

现如今，妈妈的确很辛苦，既要照顾家里，也要照顾事业，二者之间的平衡很难把握。

一些注重事业的妈妈往往会忽视和孩子之间的沟通，也很少参与到孩子的日常活动中去。对这类妈妈而言，她们缺少了和孩子沟通的桥梁，自然也就无法掌握孩子在生理和心理上的变化。

当然，如果妈妈一味沿用老旧的教育方式来教育孩子，也容易形成代沟。因为孩子是在新环境下成长起来的，他们的现代思想必然会和老旧的思想发生冲突。久而久之，若是妈妈一方一直不做出改变，妈妈和孩子之间的代沟将越发难以消除。代沟的存在会导致妈妈亲子教育的失败，也会导致孩子的生活缺少母亲足够的关爱，最终使得孩子有部分情感缺失，这些都是代沟给母亲和孩子带来的负面影响。

那么作为妈妈，到底该如何解决这些代沟问题呢？

首先，妈妈需要主动走出去，接触和接受新鲜事物，以此来拓展和改变自己陈旧的思想和眼界。不管是社会敏感问题，还是孩子的教育问题，妈妈都要与时俱进，科学对待孩子成长过程中出现的各种问题。

其次，妈妈需要主动和孩子多多沟通。沟通永远是拉进两个人心灵的有效方式，妈妈只有主动去了解孩子的内心，才能真正明白孩子的所思所想，也才能学习站在孩子的角度去思考问题，并寻求最合适的教育方式。

再次，妈妈需要主动了解孩子的兴趣。学习并不是孩子生活的全部，孩子也会有自己的兴趣爱好，这就需要妈妈注意观察，并适当给予孩子鼓励，而不是一味打压孩子的兴趣爱好。

最后，妈妈需要平等对待孩子，让孩子参与到一些事件的讨论中来。不要觉得孩子还小，还没到接触一些事情的时候。只有当妈妈学着向孩子倾诉的时候，孩子才会更加理解妈妈的辛苦。懂得之后，孩子自然会更加体谅妈妈的苦心，进而越发懂事。

聪明的妈妈绝不会任由自己固守在老旧思维的樊笼里，她们会不断进步，不断吸收新时代的新鲜事物和知识，寻找更为科学的育儿方式，以此来避免代沟的出现。

2. 细节体现妈妈的修养

在一个家庭中，妈妈总是其中最为核心的人物，是维系家庭和谐的有力因素。优秀的妈妈能够为孩子创造良好的成长环境和氛围，让他们健康成长。

细节总是决定成败，有些妈妈虽然大事把握得不错，但和孩子相处时往往会忽略一些细节，而这些细节恰恰会影响到孩子的成长。

因此，妈妈必须注重生活细节，具体可以从以下两个方面出发：

第一，说话要三思而后语，切勿冲动之下便毫无顾忌。

孩子虽然天真，但他们同样拥有思考的能力。妈妈的无心之语会在孩子的心中生根发芽，给孩子留下心理负担和阴影，而这也是导致亲子关系紧张的一大原因。

在家庭中，如果妈妈和爸爸总是三天一小吵，五天一大吵，在这种环境下成长的孩子往往有较大的可能患有抑郁症。父母之间的相处之道会影响到孩子对家庭关系和婚姻的认知。因此,在孩子面前,妈妈要控制好情绪,切勿感情用事,给孩子的情感和心理造成巨大的伤害。

第二,做事要三思而后行。

很多妈妈在养育孩子时还需兼顾好事业,而工作时难免会产生一些负面情绪。有些妈妈会不自觉地将这些负面情绪带到家庭生活中,导致孩子觉得妈妈总是莫名其妙生气。长此以往,孩子的性格会变得越发敏感和脆弱,在与人相处时也难以树立自信。因此,请各位妈妈注意言行,努力将工作和生活分开,切勿因为工作情绪而影响到孩子的心理健康。

细节处见真情。在孩子的教育方面,妈妈需要格外注意细节,因为妈妈为人处世的态度和方式会被孩子模仿和学习。

3. 多为孩子创造一些小惊喜

生活里出镜率最高的不是惊喜和创意，而是一地鸡毛的琐碎。

有些妈妈习惯不断重复之前的经验和生活，但这无疑会导致生活一成不变，缺少创新。

但孩子的成长是需要新意的，枯燥的生活容易扼杀他们的想象力和创造力。

因此，在生活中，妈妈们需要不断开发新思路，为生活添加创意，给予孩子接触更多新鲜事物的机会。如此，孩子才能不断思考成长。

这一天，李雪被朋友邀请一同过周末，她早早地便打扮好出门了。到了朋友家，朋友正在包着饺子，她一边忙着一边招呼道："进来坐吧，咱们今天中午吃饺子。"

"好啊，我好久都没吃饺子了。"李雪笑眯眯地答应下来。

见朋友包出来的饺子形状各异，李雪问道："不就是吃顿饺子么？怎么还弄这么多花样？"

朋友闻言顿时笑了,解释道:"还不是因为我家女儿挑食。我要是不多弄点好看的形状,她是不肯吃的。自家包的饺子营养价值挺高的,我得想办法让她多吃一些。"

果不其然,等到吃饭的时候,朋友的女儿洛洛一看见午饭是饺子便有些不开心地说道:"怎么又是饺子呀?妈妈,我可以不吃吗?"

朋友笑了笑,说:"不吃就不吃,只是你待会儿可别后悔啊。"

洛洛听了这话愣住了,呆呆地看着李雪和妈妈一起吃饺子。忽然,她似乎看见了什么,略微有些激动地指着盘子里的饺子说道:"妈妈,这只饺子怎么长得那么像葵花!"

朋友笑道:"这可是妈妈特地给洛洛包的,但洛洛不愿意吃,只能妈妈来消灭它了。"

"不,妈妈,我吃。"洛洛立即迅速地将那只葵花模样的饺子夹了过来,几口便吃掉了。

接下来,洛洛又在盘子里发现了许多奇奇怪怪的饺子,吃得可谓是不亦乐乎,完全不记得自己之前根本不想吃饺子这件事情。

妈妈和孩子之间也需要沟通的媒介,而这一点需要每一位妈妈细心寻找。

有一位妈妈因为工作原因将儿子留在了老家，一直由奶奶照顾着。直到孩子九岁的时候，才将儿子接到身边。刚开始，面对儿子无意识的疏远，妈妈觉得只要花一些时间熟悉熟悉就可以了。但很快两个月过去了，儿子和妈妈依旧很少交流，一回家就躲进自己的房间。

对此，妈妈很是苦恼。有一天，她心血来潮买了一只乌龟带回家，放在鱼缸里搬进了儿子的房间。儿子回来之后，一眼就看到了桌上的乌龟，神情立马变得很兴奋："妈妈，我的屋子里有一只乌龟！"

"嗯，这是妈妈送给你的礼物。"看见儿子跑出来主动和自己说话，妈妈忍不住笑了。

"谢谢妈妈！"儿子很是高兴。

此后的日子里，儿子开始主动和妈妈交流，经常和妈妈讨论如何养好这只乌龟，甚至还会缠着妈妈讲一些关于乌龟的故事。渐渐地，母子之间的关系变得越来越融洽了。

新鲜的事物总能为一潭死水注入生机，如果发现自己和孩子的沟通陷入瓶颈，妈妈们不妨改换思路，通过引入一些新鲜元素来激发孩子的好奇心，吸引孩子过来询问和交流，以此来拉近彼此的亲子关系。

4. 注重外在，穿出时尚妈妈范儿

外在形象往往决定他人对自己的第一印象，这一点是每一位女性都需要格外注意的。良好的外在形象不仅能帮助大家改善与人交往的效果，还能帮助妈妈在孩子心中树立起美好的形象。

孩子总是喜欢漂亮的妈妈，因此，妈妈要学会一些服饰搭配的技巧。

（1）搭配分清主色、辅助色和点缀色

顾名思义，主色便是在全身颜色中比重最大的那一种颜色，一般占比在百分之六十以上。但单一的颜色必然会显得有些单调，这时就需要一些辅助色来彼此呼应衬托。一般而言，辅助色的占比通常在百分之四十左右。当然，如果各位妈妈精益求精，还可适当增加一些点缀色，以此来点亮整体的服饰搭配。不过，点缀色不可喧宾夺主，一般占比要控制在百分之十五以内。生活中常见的点缀物品通常包括丝巾、胸针等小而美的东西。

（2）搭配讲究自然和谐

颜色的挑选是否和谐往往决定了整套搭配的成败，

因此,妈妈们在挑选服饰时一定要注意颜色的搭配。一般来说,冷暖色调的区分是最基础,也是最关键的部分。

黑色和白色是百搭色,可任意和冷暖色调搭配;黄色、橙色以及橘红色都隶属于暖色调,这些颜色给人感觉生机勃勃、充满活力,与之搭配的除了百搭色之外,最好是选择同色系的驼色、棕色等;蓝色、绿色和青色属于冷色调,这些颜色会给人以冷静沉稳的感觉,与之搭配的常见色为灰色和黑色。

(3)灵活应用配饰

如果妈妈们衣柜里的衣服都偏单调和严肃,那么适当选择一些颜色鲜艳的小饰品能有效提升整体效果。

5. 让孩子感受到妈妈的心灵手巧

想让孩子用崇拜和敬仰的眼神望着自己,这就需要妈妈们充分发挥智慧,做到一些在孩子眼中看起来很神奇的事情。一个心灵手巧的妈妈,总是能在孩子的幼年时期收获诸多惊叹。

　　"我不会随意拒绝我家孩子的合理请求。"一位妈妈在亲子教育经验分享大会上如此说道。

　　"有一天,我女儿拿着她的袜子过来找我,说让我帮忙补一补。我低头一看,女儿的那双袜子已经穿了很久了,颜色已经有些泛白。于是我告诉女儿,这双袜子可以扔了,我会给她买新的袜子。

　　"但女儿拒绝了我,她当时嘟着嘴说,同学小雪的袜子破了之后都是妈妈给补好的,而且小雪的妈妈还会顺手在袜子上缝上一个好看的图案,他们同学都特别羡慕。这时,我就知道我不能再次拒绝我的孩子,于是我接过袜子,用一个下午的时间替她缝好漏洞,并绣上了两只漂亮的小蝴蝶。这件事情虽然耗费了我很多时间,远不及重新买一双来得划算,但女儿开心骄傲的笑容在我看来是最珍贵的。"

　　聪明的妈妈不会只想着如何给孩子买更多的东西,而是会去思考,如何教会孩子更多的东西。

　　妈妈需要为孩子将来的独立生活做好一切打算,而不是仅仅为他们提供好的物质生活。因此,妈妈们需要以身作则,培养孩子自己动手的优良习惯。

　　不知该从何入手?最简单的一种就是对废旧衣物的改造。

　　废旧衣服在大多数家庭中常常都是压箱底的存在，扔掉也不可惜。与其让它们躺在那里占据一定的空间，各位妈妈不如拿出它们，通过修改款式和添加一些时尚的元素来让这些衣物重新焕发活力。而目睹了这变废为宝的过程，孩子们的创造能力和思维能力都会有所提高，他们也会进一步认识到思考和创造的力量。

　　在改造的过程中，妈妈也可以让孩子参与进来，共同完成废旧衣物的重新剪裁和设计，如此还能进一步拉近妈妈和孩子之间的亲子关系，可谓是一举三得。

6. 做个和孩子一样好奇的年轻妈妈

　　好奇是人的天性，孩子的好奇心是最旺盛的，他们仿佛随时都会冒出一句"为什么"。这种好奇心会促使孩子积极探索世界，吸收外界传递过来的各种新知识。

　　但随着年龄的增长，妈妈们的好奇心却在逐渐消失，这必然会造成母子之间交流存在些许障碍。因此，妈妈们在生活中不仅要精心维护孩子的好奇心，更要不断激发自身的好奇心，以此来加深对孩子内心世界的了解。

具体方式可参考以下三种：

（1）关注青少年读物

青少年读物往往是最能反映孩子思想变化的产物，因为这些读物的主要功能在于满足孩子的好奇心和求知欲。妈妈们若是能及时关注到青少年读物的变化，也就能把握住当代孩子的思想状况，以孩子能够接受的方式来教育孩子。

（2）放下架子，不耻下问

生活中，妈妈总是认为自己才是孩子的人生导师，但很多时候，孩子的一些问题往往只有通过孩子才能了解清楚。这种时候，妈妈们需要放下大人的架子，蹲下来问一问孩子，虚心请教。当孩子觉得自己受到尊重，并能给予妈妈帮助时，他们往往会产生更大的激情去探索世界。

（3）凡事多问为什么

好奇心的丧失必然会造成疑问的减少，而这也会让人们的生活缺少新鲜元素，导致生活陷入一成不变的尴尬境地。如果妈妈总是忽视各种问题，从不肯探索新事物，他们的孩子必然也会有样学样，渐渐丧失对世界的兴趣。因此，一个懂得自我提问、能够主动追寻答案的妈妈才是孩子的榜样，是引领他们探索世界的人。

　　周日，钱雅静应邀去朋友家玩，在沙发上摸到了一本《十万个为什么》。

　　起初，钱雅静以为这本书是朋友的孩子看的，后来才发现是朋友自己在看。

　　"你都这么大了，为什么还看这种书？"钱雅静好奇地问着。

　　"还不是因为我儿子。"朋友笑了笑，拿起书晃了晃说道，"我儿子不是已经上初中了嘛，突然有一天，他放学回来就问我为什么世界上没有两片一样的树叶。我哪里知道啊？只好老老实实告诉他不知道。"

　　"然后呢？"钱雅静继续询问着。

　　"当时我也没把这事当回事，谁知道过了几天，我儿子就跑过来跟我说，因为生长环境的差异性，所以不同的植物长出来的树叶形状和脉络都不一样……他说得头头是道，我就问他这些知识是从哪里学到的，他说是书上看到的。"说到这里，朋友指了指那本《十万个为什么》，"喏，就是这本。"

　　钱雅静一愣，又问道："那你儿子看这本书不是挺好的吗？你抢过来看干什么？"

　　"哈哈。"朋友笑了起来，摇头道，"是我儿子让我看的。他后来又问了我一个问题，我还是一样答不上来，我儿子就说我该好好读书，就把这本书先借给我看了。当然，我也只是趁他出去玩的时候看，不会跟他抢着看的。不过看书之后，我和我儿子的共同话题都多了起来，现在我倒是很享受这种感觉。"

孩子都喜欢问"为什么"，妈妈时不时就会遭遇到孩子的连环追问，这就要求妈妈要不断深入学习，依靠自身的知识储备和人生经验来给孩子解答各种问题。在这个过程中，妈妈的好奇心必不可少。

孩子之所以更喜欢和同龄人一起玩乐，是因为同龄人之间有着类似的好奇心和共同话题。而好奇心旺盛的妈妈往往同样具备童心，这类妈妈能够更好地陪伴孩子，在玩乐中引导孩子领悟人生真理。

7. 组团吧！多询问其他妈妈的经验

人是需要群体合作才能生存下去的生物。妈妈们在教育孩子时会遭遇各种问题，而"当局者迷"的妈妈们往往难以找到最合适的解决方案。此时，妈妈们不妨走出去，看一看学一学其他妈妈的解决策略，或许能找到解决自己问题的办法。

周末聚会的时候，刘琪表情一直很沉重，也很少加入到姐妹团的讨论中去。见此，众位姐妹主动询问，刘琪这才开口说出了自己的烦恼。

儿子上了初中以后，就迷上了网络游戏，完全把学习扔到了一边，现在成绩在班上排倒数。虽然她和老师一直都在劝说，但没有丝毫效果，最近，儿子竟然直接逃学去网吧打游戏。刘琪气坏了，但对此束手无策。

听完刘琪的话，一边坐着的张萍萍顿时笑了，说道："哎，这个问题你应该早点来跟我说的，我家儿子之前也这样，成天就只想着打游戏。不过我跟你不太一样，我没有直接禁止他玩游戏，而是问他为什么这么喜欢玩游戏，这个游戏到底有什么吸引他。"

喝了口水，张萍萍接着说道："沟通之后我找到了原因，也跟他进一步阐述了沉迷游戏的危险，适度游戏可以，但千万不能沉迷。他也听话，后面还是以学习为重。其实啊，只要你愿意坐下来跟孩子好好聊聊，他们还是能理解家长的。怕就怕咱们当妈的，什么也不管，直接就一棒子打死孩子。"

"原来是这样。"刘琪听了，忽然觉得引导孩子戒掉游戏有了方向。

　　姐妹团的存在不仅可以交流个人情感、交换购物攻略,还可以作为亲子教育经验交流的有效渠道。很多时候,一个人总是无法兼顾许多方面,在教育孩子时难免有欠缺的地方。但身边如果有同为妈妈的团体存在,大家定期交流,各位妈妈在养育孩子时必然能少走很多弯路。

　　有时候,困扰各位妈妈很久的一个问题,或许就会因为别人的一句点拨而彻底解决。向别人求助并不可耻,妈妈们从来都不是超人,自然会遇到各种问题。

　　因此,妈妈们不妨将身边有孩子的同伴组个团,互帮互助,共同努力培养优秀的孩子。

第四章

有教养的妈妈不包办，
自由的孩子最自觉

1. 让孩子懂得为自己负责

在责任感这方面,孩子最先要懂得的是对自己负责,这一点需要妈妈从小就悉心教导孩子。只有对自己负责了,孩子才会明白对他人负责的重要性。所谓对自己负责,就是要孩子对自己的言行以及安全等方面负责,不要总指望妈妈来替他们善后。

有一天,静静放学回家后就跟妈妈闹着要买电子琴,妈妈询问之后才知道,原来她今天陪着同学学了一天电子琴,也对电子琴产生了兴趣,想要买一个在家里自己练。

妈妈没有立刻答应下来,毕竟买一个电子琴需要花掉她一个月的工资。更重要的是,她需要判断一下女儿是不是三分钟热度。接下来的三天,静静每天都缠着妈妈要电子琴,那认真的样子终于打动了妈妈。

最终,妈妈表示可以买电子琴,但要用静静的压岁钱来买,如果钱不够,她再补上。还有最重要的一点是,买了电子琴之后,静静必须认真学习,不能半途而废。

为了立刻得到电子琴，静静几乎没有考虑就答应了妈妈的要求。

可就在得到电子琴一个星期之后，静静就失去了兴趣，不再一回家就开始练习，后来甚至还要赖想问妈妈要回压岁钱。

妈妈自然是严肃拒绝："你忘了你当初是怎么答应妈妈的吗？妈妈是不是告诉过你，你要想清楚，要对自己的决定负责？所以，想让我把已经花掉的压岁钱还给你，那是不可能的。而且，你必须认真练习电子琴，否则今后你就不要再想有新的玩具和零食了。"

静静没有办法，却也知道妈妈说得没错，只好重新认真练琴。

从此以后，静静在买东西之前都会认真思考自己是否真的需要这个东西，她知道，她必须对自己负责。

妈妈需要牢记以下四点：

第一，教导孩子要对自己的想法负责。

孩子的想法总是天马行空而无所拘束的，也正因为如此，孩子有时会产生一些错误的想法。发现孩子有了一些不正确的想法时，妈妈首先要做的就是纠正孩子的错误想法，告诉孩子这样想为什么不对，会给自己和别人带来什么样的负面影响。只有将错误的想法扼杀在摇篮中,孩子才不会根据这些幼稚的想法去做一些不好的事情。

第二,教导孩子要对自己的言语负责。

正所谓祸从口出,孩子开口说话之前往往不会慎重思考,他们总是想到什么就说什么,而这些无所顾忌的话有时会造成一些尴尬甚至是难堪的局面。为了减少这种局面的发生, 妈妈要时常教导孩子对自己的言语负责,尤其是不要随便撒谎,否则就再也不会有人信任他们了。

第三,教导孩子要对自己的行为负责。

熊孩子的背后往往存在着数量可观的熊家长,而要培养出一个懂礼貌的孩子, 也需要一个明事理的家长。当孩子犯错时,妈妈不能总是以孩子年纪小来替他们开脱,而要让孩子站出来,勇于承担错误,并接受惩罚。只有这样,孩子才会真正明白什么该做,什么不该做。

第四,教导孩子要对自己的安全负责。

孩子的安全一直都是各位妈妈重点关注的问题,但单单依靠大人的看护是远远不够的, 人的精力有限,妈妈不可能兼顾到所有潜在的危险。这就要求妈妈平时要给孩子灌输保护自己的观念,让孩子树立正确的自我保护意识。如此一来,哪怕妈妈暂时不在孩子身边,他们也能很好地保护自己。

2. 孩子自有他的办法，妈妈要舍得放手

有位教育工作者曾说："如果你想让你的孩子早日独立，就应该教会他如何从事工作并养成习惯。"

"妈宝男"永远是被许多人嫌弃的存在，而要避免自己的孩子成为"妈宝男"，各位妈妈就要格外注重孩子独立性的培养。

一个自强自立的孩子，无论是在学习，还是在将来的工作生活中，他们都能很好地处理和解决各种问题，一步步取得属于自己的人生成就。

为了培养孩子的独立性，妈妈给了儿子十块钱，并告诉他："你去菜场帮妈妈买八块钱的猪肉，剩下的是妈妈给你的奖励，你拿去买雪糕吃。"

儿子看着手心里的钱，嘟了嘟嘴说道："我可以不去吗？"他有些不高兴，他觉得自己今年才只有六岁，怎么能做这种事情？

看出了儿子的心思，妈妈劝道："我像你这么大的时候，早就已经自己一个人去打过酱油了。你放心，没事的。"

在妈妈的鼓励下,儿子终于答应了下来,转身就走了出去。

妈妈在家里坐着等了一会儿,总是觉得不太安心,不是怕孩子路上被车撞了,就是担心孩子被人贩子给拐走了。她越想越害怕,最终决定跑出去找儿子,结果才出楼道口,就看见儿子的身影出现在了不远处的路上。

儿子此时一手拎着肉,一手拿着雪糕,开开心心地往回走。

见此,妈妈的心才算是彻底放了下来,见到儿子之后也各种夸奖他。

儿子倒是实诚,说自己一个人有点怕,找了隔壁的一个姐姐陪自己过去买肉。

这倒是让妈妈有些意外,她没想到儿子竟然能想到这个办法。

有些妈妈总是过分担心孩子,怕他们无法保护自己,或者无法独立完成某件事情。其实,孩子的能量要比许多妈妈预料的强得多。只要清晰明白地告诉孩子需要注意的安全问题,妈妈们完全可以放手让孩子去完成一些小事情。再不济,妈妈们也可以悄悄跟在孩子身后,等孩子真的遇到自己无法解决的难题时,妈妈们再出来帮忙也不迟。

当孩子的某些判断出现了明显的错误时，妈妈们可以适当参与，引导孩子思考正确的解决方法。不过在这个过程中，妈妈们要让孩子主动思考整件事情的解决方法，而并非直接将正确的答案告诉孩子。只有这样，孩子才能真正成长起来。

当然，即便是成年人也无法完全避免犯错，妈妈们要允许孩子犯错，切不可一味揪着孩子的错误不放。既然选择将事情交给孩子去做，就要想清楚由此可能出现的最坏的结果是什么，并做好为此承担后果的心理准备。

犯错同样是孩子学习的一种方式，聪明的妈妈不会因为孩子一两次的犯错就严厉责罚。

犯错能够提高孩子的自我反省能力，让孩子在对错误的总结中学会调整自己的思维方式和行为方式，从而获得长足的进步。

那些总是严厉批评孩子，却从不帮孩子分析失败原因的妈妈，是在扼杀孩子做事的积极性。久而久之，这些孩子便会变得不爱表现，生怕做错事遭受责骂。

学会生存是联合国教科文组织特别强调的教育的四大支柱之一。聪明的妈妈要学会适当放手，放孩子独立去完成一些事情，而不是将孩子宠成家里的"小公主""小皇帝"。当然，当孩子的成长路上出现一些问题时，妈妈也要有耐心，引导孩子一步步克服困难。

3. 让孩子自己选择,更容易解决问题

为什么有时候孩子会十分抗拒妈妈的提议?

其实答案很简单,因为孩子有了自我意识,希望捍卫自己独立的权益。这时,妈妈应该给予孩子选择,而非给予答案。

林女士发现,自从孩子长大以后,总是变着法子捣乱,再不像以前那么听话了。

有一天早上,林女士拿着准备好的白色衣服让儿子穿,谁知儿子闹来闹去就是不肯穿。林女士没办法,又给孩子换了一件黄色的衣服,但他还是不肯穿。这种戏码几乎每天都在发生,林女士都快崩溃了。

然而有一天,她同时拿了两件衣服递给儿子,问道:"今天你想穿红色的,还是黑色的?"

儿子立即说道:"黑色的!"这配合的态度简直让林女士震惊。

后来她又做了几次尝试,发现当她给孩子提供了几种选择时,孩子总是会很快给出答案,而不是像以前

那样胡搅蛮缠,就是不肯乖乖穿上她提供的衣服。

如今是快速发展的信息社会,孩子的心智成熟得越来越早。心智的逐渐成熟带来的是自我意识的觉醒,这让他们希望自己的言行举止能得到妈妈的肯定和支持。但由于还不知道正确的表达方式,孩子通常会用哭闹的方式来表达自己的内心需求。因此,当孩子总是因为一些事情哭闹时,妈妈不妨想一想,孩子真正想要表达的是什么。

4. 授之以渔,教给孩子做事方法

美国著名心理学家威廉·詹姆斯曾说过:"播下一个动作,你将收获一种习惯;播下一种习惯,你将收获一种性格;播下一种性格,你将收获一种命运。"一个人如果在孩童时期便建立了良好的习惯,那他这一生都将受益无穷。

很多孩子独立面对难题时,他们的第一反应总是向妈妈求助,而不是试着靠自己的力量去完成任务。在这个过程中，孩子会显得拖延懈怠，精神不集中，这会导致孩子在解决问题时花费更多的时间和精力。但若是孩子能认真一些，当他们完成任务时，或许他们还有足够的时间去做自己想做的事。

这些道理是孩子暂时无法独立想明白的，需要妈妈精心教导，让孩子明白认真对待任务的重要性。

一年级的花花是个聪明伶俐的孩子，今天老师的作业是让他们观察布谷鸟，并据此来写一篇观察日记。花花的妈妈正好是个动物学家，做这种作业根本毫无压力。回家之后，花花立即请妈妈帮自己完成作业，然而妈妈却义正词严地拒绝了花花的请求。

"这是你的作业，不是妈妈的，自己的作业要自己完成才可以，妈妈帮你完成，那和作弊有什么区别呢？"妈妈耐心地说着。

眼见妈妈怎么也不肯答应，花花只好自己来。

妈妈带着花花去郊外观察布谷鸟，美丽的环境让花花心情愉悦，她很认真地观察了布谷鸟的生活，顺利完成作业并得到了老师的表扬。

自此以后，花花便明白过来——自己的事情要自己做，不能随便推卸责任。

　　这里，花花妈妈的做法十分正确。她没有因为怕麻烦就替孩子完成作业，而是坚持带着孩子去郊外实地观察，让孩子独立完成作业。这种行为无疑给花花树立了良好的榜样，让她在今后的生活中都会以之为榜样，真正做到对自己负责。

　　当然，孩子独立处理问题的时候难免会遇到一些问题，这就需要妈妈及时鼓励，给予孩子继续完成任务的信心。比如，当孩子总是骑不好车时，妈妈不要责骂孩子蠢笨，而应鼓励孩子站起来继续努力，并挖掘出孩子那一点点的进步，帮助孩子重新树立信心。相比于一味的训斥，鼓励能带给孩子更多的力量。

5. 孩子不是橡皮泥，别随心所欲地"捏"

　　有些妈妈十分溺爱孩子，不仅包办孩子所有的生活需求，还会替孩子做出一切决定，替他们决定好未来人生的每一步路。这些孩子虽然每一步都会走得比较顺畅，但他们却缺少了挫折的磨炼，一旦离开妈妈的保驾护航，很容易就会陷入不知所措的境地。

这样的孩子明显缺乏独立生活的能力,他们不会自主判断未来的发展,只知道按照妈妈的指令去办事,如同一个提线木偶一般不做任何思考。

比如,有些妈妈在孩子参加夏令营之前会替孩子打包好所有的东西,只等孩子第二天提走便是;有些妈妈会限制孩子的玩伴,告诉他们不要随便和一些"坏孩子"一起游戏;有些妈妈会在孩子挑选玩具时,拿走孩子看中的玩具,转而将自己认为能够提升智力的玩具递给孩子……

无论是以上哪一种妈妈,都是对孩子生活的过度掌控,她们不给孩子自我生存的空间,也未曾考虑过,如果有一天孩子离开了自己,又该如何一个人生活?

没有父母能永远陪伴在孩子身边,为孩子谋划得更深远一些才是真的爱孩子。

有心理学家研究认为,那些遇到问题会明确给出答案的人,往往比那些给出"都可以"等这类模糊答案的人更容易成功。因为前一类孩子能够明确自己的目标和理想,并为之奋斗;后者觉得什么都可以,平时也没什么理想目标,他们唯一需要关注的就是妈妈的指令什么时候才能下达。

然而,独立自主才是孩子可以受用一生的宝贵财富。在亲子教育中,妈妈可以适当引导孩子,给予他们一定的人生建议,但不该凡事都替孩子做主。

作为妈妈,要懂得尊重孩子的想法和选择。

(1) 让孩子自己决定吃什么

有些妈妈会给孩子安排完善的膳食方案,希望能够用食补的方式让孩子健康成长,却完全忽视了孩子口味上的个人喜好。其实根本没必要这么做,只要在保证健康的前提下,完全可以让孩子自主选择吃什么。

(2) 让孩子决定自己穿什么

孩子不是妈妈的模特,也不是妈妈用来显示自己审美的物品。只要能保证孩子的健康安全,妈妈应该放手,让孩子自主决定穿着。

(3) 让孩子自己决定玩什么

孩子玩的目的只是为了娱乐,而妈妈则想让孩子在玩中学到东西,因此,在给孩子选择游戏项目的时候就会抱有很强的功利性而忽视孩子的个人想法,但这么一来,玩就会变得很有负担。不如尊重孩子的想法,在保证安全的前提下,让孩子选择自己想玩的东西,在玩中得到彻底放松,这也有利于孩子以更好的状态投入到之后的学习中。

(4) 让孩子自己决定和谁玩

朋友是每个人都需要的,对孩子而言也不例外。很多妈妈都希望自己的孩子能够结交到优质的朋友,因此会给孩子的社交圈圈定一个范围,圈子以外的人就被妈妈拉进了交往黑名单。但孩子拥有自己的判断能力,他们希望结交的朋友是与自己志同道合的,妈妈指定的朋友未必合他们的心意。

其实,在保证同伴积极向上的前提下,妈妈应当放宽要求,给予孩子选择的自由,让他们能够结交到一些真正交心的朋友。

第五章

有教养的妈妈最大气，
纯洁的童心最幸福

1. 有一颗宽容心,孩子更幸福

宽容的人往往有着更为广阔的胸怀,他们擅长化解各种危机,能够轻松处理好各种人际关系,甚至能够放下对对手的成见,让敌人成为朋友。

那么,妈妈如何做才能让孩子拥有宽容之心呢?

(1) 教孩子学会换位思考

换位思考永远是体谅和理解别人想法的一大重要方式,当孩子和对方产生矛盾时,妈妈可以试着劝孩子站在对方的角度,再去考虑一遍问题。当孩子能够理解对方为什么要这么做时,很多事情也就没有计较的必要了,也自然能减少很多不必要的矛盾。

但现在的孩子因为父母的溺爱难免有些自私,很少愿意主动站在他人的角度去思考问题。这就需要妈妈平时要注重对孩子的教育,不可过分溺爱孩子。要知道,溺爱并不能让孩子健康成长,反而会让孩子成为所谓的"妈宝男"和"巨婴"。

(2) 教孩子学会理解他人

有些孩子虽然会换位思考,但他们却并不愿意理解对方。在这些孩子眼中,犯了错误就是罪大恶极,就不应该被原谅。但孩子之间哪里有什么深仇大恨？妈妈需要从小培养孩子的同理心，让孩子能够理解他人的苦衷，并学会宽恕别人。

人非圣贤，孰能无过？如果一个人犯错之后没有一点改正的机会，世界必然会乱套，因为没有人会永远不犯错。妈妈需要告诉孩子，如果他们希望自己犯错之后也能得到别人的谅解，是否也应当试着给别人多一丝宽容和理解呢？

（3）让孩子多与同伴交往

单独的个人难以有实现宽容的对象，因此妈妈要让孩子走出家门，多多和同伴交流和游戏，不要害怕矛盾和争吵的发生。适当的争吵能够成为教育孩子的素材，帮助孩子更好更快地学习到一些人生道理。

（4）让孩子多亲近大自然

大自然是可亲可敬的，妈妈平时可以多带孩子去大自然中陶冶情操。

那些见识过更多世界风景的人心胸更为开阔，是因为他们知道这个世界很大，没必要计较一城一地的得失。有时候不放过别人，也就是不放过自己。当孩子无法放下对他人的愤怒时，孩子心中的负面情绪也难以消除。如果缺少妈妈的正确疏导，这些负面情绪很容易导致孩子产生一些偏激和扭曲的想法。

2. 帮助孩子克服嫉妒心

"嫉妒是万恶之源,怀有嫉妒心的人不会有丝毫同情。"这种负面的情绪不该长期存在于孩子的身上,妈妈需要时刻关注孩子,帮助孩子克服嫉妒之心。

有一天,有一个人幸运地遇见了上帝,上帝告诉他:"我可以满足你一个愿望,但无论你的愿望是什么,你的邻居都会得到双份。"

这个人刚开始很高兴,但一想到邻居能得双份,他便再也高兴不起来了,取而代之的是压制不住的嫉妒。只要他许愿得到一份田产,邻居就会得到两份;只要他许愿想要一箱宝藏,邻居就会得到两份……

浓浓的嫉妒之心撕扯着这个人的心,他最终咬咬牙,说:"万能的主啊,还请你挖去我的一只眼睛吧。"

这样一来,邻居就会失去两只眼睛!

嫉妒是一种原始的情绪,那些自制力不强的人很容易受到这种负面情绪的控制,从而做出一些无可挽回的错事。

事实上,嫉妒心是普遍存在于每个人心中的,只是有些人能够很好地控制住这种情绪,将嫉妒化为好胜心,转为自己进步的动力,促使自己朝着更好的方向发展下去。但有些人却无法控制嫉妒心,任凭嫉妒扭曲自己的心灵,最终做出一些偏激的行为。

对青少年来说,嫉妒心的危害更大。因为青少年还未形成完善的是非观和道德观,他们很难判断自己要做的事情究竟是对是错,也根本意识不到一些事情可能带来的严重后果。只是凭着心中那股子邪火,有些孩子便会做出一些疯狂的事情,最终造成团体荣誉的崩塌,并对自己也产生巨大的伤害。

因此,妈妈们要格外注意孩子的心理健康。

(1)培养孩子的理性思考能力

一个有理智的人很难被嫉妒等负面情绪控制,他们会自主分析事情的对错,并及时调整情绪,以此来保证心理的健康。这就要求妈妈平时要注重锻炼孩子的理性思维,让孩子学会理性思考,理智对待各种事情,而不是任由冲动的情绪控制自己。

(2)教导孩子客观面对现实

正所谓山外有人,人外有人,孩子不可能一直都是第一。即便在这个学校里,孩子的成绩是拔尖的,但换了一所尖子生更多的学校,孩子的能力可能只是中等水平。因此,在日常生活中,妈妈要教育孩子正确面对现实,认识到人外有人的现状。在遇见比自己更强大的人时,选择迎头追赶,而不是任凭嫉妒弄得自己面目全非。

(3) 培养孩子的博大胸怀

一般而言,容易嫉妒的孩子在性格方面都会存在一定缺陷,要么是过于自大,要么就常年处于自卑的状态中,看什么都不顺眼。但不管是哪种情况,妈妈需要做的都是引导他们正确面对他人的成就,用宽大的胸怀去看待一切事物。

真正乐观开朗的人不会嫉妒,因为他们容易满足,他们知道自己能够做到什么,也知道自己真正需要的是什么。因此,妈妈们请关注孩子的性格教育,让孩子能够坦然面对他人的赞美,同时也要虚心接受他人的批评。如此一来,孩子才能更为淡定地面对所有风雨,一步步稳步走向成功。

(4) 增强孩子的竞争意识

很多时候,决定一个人成就高低的并不在于他们的智商高低,而在于他们是否敢于竞争。能够勇敢拼搏的人哪怕是面对一次次失败也从不会轻言放弃,而这一点也正是各位妈妈应该教育孩子养成的意识。一

时的失败代表不了什么，孩子不该就此陷入嫉妒，而
应蓄积力量重新出发，将嫉妒化为促使自己不断前进
的动力。

3. 教孩子学会欣赏他人

欣赏别人是一种豁达的风度。

法国著名作家雨果说："世界上最宽阔的是海洋，
比海洋更宽阔的是天空，比天空更宽阔的是人的心
灵。"生而为人，难免会有缺点和优点。懂得欣赏他人优
点的人通常会更快乐一些，因为他们看到的都是积极
向上的一面。

对孩子而言，学会欣赏他人是建立良好同伴关系
的基础，但这需要妈妈从小有意识地培养孩子的赏识
能力。

欣赏他人，就是要欣赏他人的长处，要发自内心地
肯定他人的优点。

生活中，妈妈可以从以下几个方面来教育孩子：

第一，让孩子不要只看到别人的缺点。

孩子看东西容易片面,有时只能看到别人的缺点。当孩子在历数他人缺点时,妈妈一定要及时阻止,引导孩子去挖掘他人身上的闪光点。

第二,引导孩子正确认识自己的缺点。

很多时候,当妈妈询问孩子是否知道自己的缺点时,许多孩子都会顾左右而言他,不愿意回答这个问题。但只有对自己有一个清晰的认知,孩子才能更好地改正缺点,朝着更好的方向发展。

因此,当孩子对这个问题表示出抗拒的情绪时,妈妈可以以自己为例,通过讲述自己的缺点来鼓励孩子大胆说出来。

第三,鼓励孩子称赞家人。

夸夸群的火爆并不是没有道理的,每个人都需要他人的肯定和赞扬。

在家庭中,妈妈要鼓励孩子发现其他家庭成员的优点,并大胆地说出来。

一个总是盯着家人缺点不放的妈妈,日常生活中难免总是抱怨,她们留给孩子的印象就是只会挑剔和嫌弃。在这种妈妈的影响下,孩子必然也会变得挑剔。因此,如果想让孩子懂得欣赏他人,妈妈也需要做出改变,懂得欣赏孩子的优点。

4. 以身作则，让孩子懂得感恩

妈妈是孩子的第一任老师，妈妈的一言一行都会被孩子看在眼里，并成为他学习的对象。因此，如果想让孩子学会感恩，妈妈就必须先做一个懂得感恩的人。不管是尊敬老人，还是感激曾经帮助过自己的人，妈妈都应该以身作则，为孩子树立一个良好的榜样。

要知道，一个人能否具备感恩之心，会受到外部环境的影响。当身边的人都懂得感恩时，不需要去教，这个孩子就会自觉懂得感恩，懂得感谢他人的付出和奉献。

很久很久以前，有一棵大树，它很喜欢一个男孩，而男孩也十分喜欢大树，经常都跑到树上荡秋千、摘果实。玩得累了，孩子就干脆在树荫下睡一觉。

这样快乐的日子过得很快，男孩渐渐长大了，也就不怎么经常过来了，大树不由觉得有些孤单。

有一天，男孩终于又来了，大树特别高兴，邀请男孩爬上来像小时候一样荡秋千、摘果实。

然而，男孩却拒绝了大树的邀请，说道："不，我现在已经长大了,不会再玩这些游戏了。我现在想要买一些好玩好吃的东西,你可以给我一点钱吗?"

　　大树沉默片刻,说道:"我没有钱,但你可以摘取我的果实拿到城里去卖,那样你就有钱买想要的东西了。"

　　男孩点点头,迅速爬上树摘掉许多果实离开了。

　　看到自己对男孩仍旧有帮助,大树感到很高兴。但后来男孩又有很久没有过来,大树再次陷入了难过的情绪之中。

　　有一天,男孩又来了,大树高兴地邀请他上树,可男孩推说没时间,只道:"我现在需要一栋房子,这样我才能娶到一个老婆,然后生很多很多孩子。"

　　大树沉默了,好一会儿说道:"那你可以砍掉我的树枝去盖房子。"

　　男孩很快就将树枝全部砍了下来,盖起了一栋房子。

　　又过了好久,男孩又来了,大树高兴得几乎说不出话来,可男孩这次来依旧是来提要求的,他说:"我现在年纪大了,不想玩了,但我想要一条船,你可以给我吗?"

　　听到男孩的话,大树将自己仅有的树干贡献了出去。男孩这一去又是好久,等他回来之后两鬓已经有些发白了。这时,男孩摸着大树,说道:"这些年我真的是太累了,现在我什么都不想要,只想找个地方好好休息一下。"

　　大树说:"现在我只剩下树墩了,别的也给不了你了,来坐我身上休息吧。"

大树"妈妈"一直在为孩子无私奉献着自己的一切。但除了爱,妈妈其实还应该教导孩子学会感恩,而不是只知道一味索取。

5. 快乐是给孩子最好的礼物

学校教育往往是严谨而又严肃的,孩子主要学习的是知识和规则。那么在校园教育之外的家庭教育中,妈妈就更要关注孩子的幸福感,让孩子拥有一个幸福快乐的童年。

事实证明,生活快乐的孩子往往积极向上,在为人处世方面也自信大方,更容易在学习和工作中取得成就。然而,现在很多妈妈却在孩子很小的时候就给予他过高的期望,用各种培训班压得孩子喘不过气来。

在这种压力下成长起来的孩子,往往会显得谨小慎微,也很难真正的快乐,这对孩子的健康成长十分不利。

因此,妈妈们最重要的任务根本不是拼尽全力提高孩子的分数,而是让孩子感觉到真正的快乐和幸福。

　　金融危机很可怕,让许多人一夜之间失去了工作。有一位妈妈得知自己被辞退之后,面色沉重地回到了家里。但她七岁的儿子根本就不知道形势的严峻,依旧在快乐地玩着飞机。

　　妈妈压抑住内心的苦闷,连声喊了孩子好几遍,儿子这才感觉到了妈妈的不对劲,神情也一点点严肃了起来。

　　妈妈缓缓说道:"孩子,妈妈的公司最近遇到了问题,没有办法再雇佣我。现在妈妈没有工作了,所以没有钱再给你买玩具了,你可以体谅一下妈妈,最近不要再买新的玩具了好吗?"

　　妈妈的神情低落,又带着歉意。

　　儿子听完愣了愣,随后就笑了起来,说:"妈妈不怕,工作没了可以再找,我会很懂事的。要是实在找不到工作,我们就去买个箱子,一起卖冰糕好不好?"

　　儿子温暖的安慰顿时让妈妈流下了眼泪,她忍不住抱住孩子,只觉得自己现在是全世界最幸福的那个人。

　　生活中难免会遇到挫折和磨难,家庭也可能遭遇一些经济危机。但一家子就是要整整齐齐的,妈妈、爸爸和孩子要共同努力面对危机,并学会苦中作乐,让彼此的微笑从尘埃里开出花来。

下 篇

爸爸的品行影响孩子的一生

●●●●● 第六章 ●●●●●

有品的爸爸，
不做家教"甩手掌柜"

1. "爸爸"也是终身职业

纵观孩子的成长历程,幼时多为母亲亲自喂养,等到上学了,学校里的老师也大多是女性。这些女性用爱和关怀去呵护关心孩子,让孩子能够健康茁壮地成长。在这种情况下,若是爸爸还在孩子的教育过程中长期缺席,那么孩子的性格、思维方式等必然会受到一定影响。

在生活和学习中,爸爸和妈妈带给孩子的影响是不同的。在理性思维、逻辑能力,以及坚毅勇敢性格的塑造方面,爸爸显然能给予更多的帮助,这也是妈妈通常会有所欠缺的地方。

邵阳这个男孩性格很内向羞涩,上课时基本不会主动回答问题,即便老师点名要他回答,他的声音也细小如蚊,很难被人听清。因为不爱和人接触,和老师交流也存在一定障碍,邵阳的成绩一直都处于下游。老师很苦恼,为此做了家访,这才发现邵阳从小缺乏爸爸的关爱,一直都由母亲照料。而母亲对邵阳关心过度,不

许他做任何冒险的行为，也因此养成了他胆小怯懦的
性格。

于是，老师建议邵阳的爸爸多抽时间陪伴孩子，多
带孩子参加一些户外活动。邵阳的爸爸听从了老师的建
议，一有时间就带邵阳一起去爬山、游泳。时间一长，在
爸爸的陪伴和教导下，邵阳逐渐变得勇敢起来，上课开
始积极主动回答问题，成绩也得到了稳步提升。

坚强勇敢、独立自信，这些优秀品质的塑造往往离
不开爸爸的教导。

美国著名儿童心理学家格塞尔说："失去父爱是人
类感情发展的一种缺陷和不平衡。"每一位爸爸都有责
任和义务参与到孩子的教育中去。

有一位爸爸，在担当普通中学的校长时工作能力突
出，因此很快就被一所重点中学看中，聘请他前去担任
校长。爸爸自是壮志满满前往，又考虑到那所学校是一
所重点中学，对儿子的学业更有帮助，于是爸爸任职的
时候带上了儿子。

到了这所重点中学，爸爸仍旧醉心工作，根本没空
照顾孩子。而儿子在这个新环境里很难适应，再加上妈
妈不在身边，经常情绪低落，但爸爸并未察觉到这一点。

时间一长,儿子的成绩一落千丈,甚至到了要被劝退的地步。这个时候,爸爸才开始后悔自己因为事业而疏忽了儿子的教育问题。

现如今,大多数家庭中承担孩子教育工作的都是母亲,很多爸爸常常是甩手掌柜般的存在。他们专注于工作,很少将精力花费在孩子身上。但在我国古代,爸爸在教育中的作用则十分重要,也十分受人重视。古语有云:子不教,父之过。若是孩子品行有问题,旁人必定会认为是孩子爸爸未曾好好教育,也会因此谴责爸爸的不作为。

但随着时代的发展,家庭分工更明确,爸爸更多地转向对外交流与赚钱。但一个在孩子童年生活中总是缺席的爸爸,必然难以在孩子面前树立起爸爸的威严。当孩子犯错或站在人生抉择路口时,爸爸的建议往往会被孩子忽视。

对孩子而言,爸爸和妈妈都是人生旅途中不可或缺的存在,是孩子学习和模仿的第一对象。这就要求爸爸学会回归家庭,给予孩子应有的陪伴和教育。

第一,爸爸可以成为孩子的游戏伙伴。

孩子的生活起居通常由更为细心的妈妈来负责照料,爸爸要做的是陪同孩子一起游戏和成长。

心理学家经过试验发现，孩子在三岁之前就已经会根据需求的不同来选择倾诉对象。当孩子感到痛苦和郁闷时，他们常常会选择妈妈来倾诉内心的烦恼；当孩子感到快乐，想要游戏时，他们常常会选择和爸爸一起。若是爸爸总是满足孩子的游戏需求，等到孩子二十个月的时候，爸爸和孩子之间便会建立起和谐快乐的父子关系。三十个月之后，孩子更会将爸爸作为游戏的第一选择对象。

第二，爸爸可以帮助孩子培养积极向上的优秀品质。

在生活中，爸爸的性格特征通常是坚强、勇敢、独立、自信、行事果决、开朗、宽厚等，而在与孩子的相处过程中，爸爸的这些优良品质也会被孩子看在眼里，记在心底，最终成为孩子日后的行为标杆。也正因为如此，若是在五岁之前，孩子很少和爸爸接触，就很容易形成内向、敏感又多疑的性格，这对孩子未来的发展极为不利。

第三，爸爸可以引导孩子学会友好社交。

爸爸大多和外界交流更频繁，他们需要和不同的人应酬，以此来开展工作，因此爸爸能以自己的经验教给孩子为人处世之道。孩子再小也总会长大，需要独立去面对社会，这时，他们社交能力的强弱将决定着他们与人相处是否愉快和谐。

爸爸多花一些时间陪伴孩子，成为他们的玩伴，带着他们出去交往和沟通,有助于培养孩子的社交意识,让他们能大胆地和别人交流。不过在交往的过程中,爸爸切勿总是生硬地命令,而要学会使用平等和鼓励的方式,让孩子主导整个交往过程,从而帮助孩子较快学会独立社交的技能。爸爸需要做的是引导工作,其中诸如识别判断他人情绪、调整自我反应等具体的内容则需要孩子自行去参悟。

第四,爸爸可以帮助孩子确立性别意识。

婴幼儿时期,爸爸角色的缺失对孩子性别意识的确立会产生较大影响,尤其是对男孩来说。

若是在五岁之前缺乏爸爸的陪伴和教导,女孩在和其他男孩相处的过程中往往会显得较为焦虑,因为她们不知道该如何正确和异性相处;而男孩则会在日常生活中显得偏女性化,更倾向于参加一些安静的、非攻击性和竞赛性的活动,比如看书、看电视等。

第五,爸爸可以帮助孩子丰富认知。

爸爸往往能带领孩子认识到更为广阔和神奇的世界。爸爸可以进一步激发孩子的求知欲和好奇心,也可以让孩子在具体操作中习得实践能力、创造能力,以及丰富的想象力。这些都是孩子待在家里所不能得到的成长,需要爸爸带着孩子亲自去外面体验和学习。

2. 别忘记"养不教，父之过"

美国耶鲁大学科研人员曾花了十二年的时间来研究家庭教育中爸爸的影响力，他们的研究表明，由男性承担主要教育责任的孩子往往智商更高，在社会中也更容易得到他人的认可和肯定。

在亲子教育方面，爸爸妈妈要做到互补，双方共同承担教育责任，而非将这项责任单独地扔给另一方。尤其是爸爸，千万不要用工作忙作借口来推脱孩子的教育责任。

畅销书《我的事业是爸爸》的作者蔡笑晚说过："对男人来说，做爸爸应该是事业的一部分。"他有六个孩子，一个是中国科技大学硕士，另外五个都是美国名校的博士，成绩斐然。

孩子的巨大成就离不开爸爸蔡笑晚的精心培养，他说："教育不能靠运气，我的经验并非不可复制。我的三个关键词：早期教育、培养励志、自学能力，都可以复制。"

爸爸参与教育的优点通常有以下几个方面：

（1）孩子会更自立

当孩子跌倒时,妈妈通常会心疼地抱起,又是轻拍又是低声安慰，这在无形中削弱了孩子的独立意识。这类孩子会认为不管发生什么事情,反正总有妈妈来善后。

遇到同样的事情,爸爸的选择通常不同,他们不仅不会抱起孩子,反而很大可能会站在原地说:"怎么连路都不会走？还哭？像什么样子,赶紧起来自己走。"在这种教育下,孩子对爸爸妈妈的依赖性会逐渐减少,并树立起较强的独立意识。

（2）孩子会更擅长动手

男性似乎天生在机械方面有着一定的天赋。若是母亲教养孩子,可能会忽视这部分能力的培养,但爸爸却不一样。爸爸可以陪着孩子一起拆玩具,重新组装玩具,甚至是用废弃的物料来陪孩子一同创造出一个新玩具。

（3）孩子会更具备冒险和探索精神

当孩子做出一些危险的行为时,许多母亲会厉声呵斥,让孩子保证以后不再做这种事情,但爸爸通常会表示称赞。这种冒险精神是存在于男性的血液中的,但如果受到压制会让孩子逐渐丧失冒险精神,最后变成一个不敢冒险的人。这时,爸爸的鼓励则会激发孩子的冒险精神,并在保证自身安全的前提下,不断去探索世界中未知的一面。

（4）孩子身体会更健康一些

爸爸通常会带着孩子做一些体力方面的活动，无形中帮助孩子提高了耐力和运动能力，让他们在运动中锻炼身体，获得更好的体能。同时，爸爸往往不会太注意孩子的卫生情况，他们不会因为嫌弃沙子脏而不让孩子去玩沙子。但相关研究表明，"脏"孩子身体往往更为健康，一尘不染的环境对孩子的健康成长未必有利。如果孩子从小就十分干净，不接触任何尘埃，他们的身体里就很难产生一些细菌和病毒的抗体。一旦有大量病菌入侵，这些孩子就会迅速被打倒。

在孩子的心中，母亲如水，代表着温柔和细腻，爸爸如山，代表着沉稳和厚重。在亲子教育中，山水缺一不可，需共同照料孩子，帮助他们更好地成长。那么爸爸们究竟该怎么做呢？

（1）学会表达

这对很多爸爸来说很难，却又是很重要的一点。许多爸爸虽然心里很爱孩子，但很少会主动表现出来，只会将深沉的爱埋在心底。实际上，爸爸们应该大胆言爱，让孩子清晰地感受到爸爸对他们的爱和关心。

（2）学会陪伴

时间永远是最珍贵的东西，爸爸们不要将所有的时

间都花费在工作和社交上面,也要分出一部分时间来陪
伴孩子,帮助孩子了解这个世界。哪怕是一些在成年人
眼中很无趣的游戏,爸爸们也要耐心陪伴,为孩子塑造
一个健康快乐的成长环境。

(3)学会合作

抚育孩子不是妈妈一个人的义务和责任,爸爸需要
懂得和体谅妈妈照料孩子的辛苦,在妈妈需要帮助的时
候主动搭把手,而不是任由妈妈独自辛劳。如此一来,孩
子也能从爸爸妈妈身上学习到正确的夫妻相处之道。一
个和谐的家庭环境有益于孩子的心理健康,因此,在孩
子的教育方面,爸爸也要和妈妈共同协商,不能独断专
行,单独决定孩子的教育内容和教育方式。

3. 大男人,也要善于表达对孩子的爱

有一个孩子从小就十分淘气,总喜欢到处乱跑。

有一天,爸爸正好不在家,孩子无意中发现了新衣
柜上面有一个小木盒,顿时很好奇。他总觉得那个盒子
里面一定放着什么好吃的或者是好玩的东西,于是孩子

各种尝试,脚下踩着抽屉,手上抓着柜脚,好不容易爬了上去。

可孩子打开盒子一看,里面竟然是空的!孩子的脸色瞬间就不太好看,他将盒子扔在一边准备下去,可是一看脚底下的高度,顿时有些害怕。刚刚爬上来的时候没注意,现在这么一看,不由得有些脚软。

就在孩子犹豫的时候,爸爸回来了。孩子赶紧说道:"爸爸,快抱我下来。"

爸爸没想到孩子能爬到衣柜上面,但他看了一眼被扔在一边的盒子之后没有立刻上前,而是站在原地问道:"你是怎么上去的?"

"就是爬上来的。"孩子老老实实地说道。

"很好啊,既然你能爬上去,一定也能爬下来。你要记住,爸爸不可能永远陪在你身边,所以不要碰到困难就立刻想着向爸爸求助,你也要学着想办法自己解决。"爸爸决定袖手旁观。

孩子又在柜子上面待了一会儿,发现爸爸真的不打算施救之后才开始自己爬下来。

好在一切都很顺利,当孩子爬下来之后,爸爸便走过去抱住孩子,笑道:"真棒!爸爸就知道你一定能靠自己下来的。"

"我也知道我可以。"孩子搂着爸爸的脖子笑了。

孩子是需要肯定和称赞的,爸爸偶尔不妨放松一下,改改平时严肃的表情,在适当的时候给予孩子肯定,让他们感受到爸爸对他们的爱。当孩子在爸爸那里得到肯定之后,他们做事会更加果断和自信,也会更有信心去独立完成一件事。

一般而言,爸爸表达爱的方式以下五种:

(1) 口头赞扬

赞扬和称许永远是帮助孩子树立自信的一种有效方式,当孩子做对了一些事情时,各位爸爸千万不要吝啬表扬。

(2) 行动支持

当孩子提出某种创造性的想法时,爸爸们不要一口否定,要做出一定的行动支持,帮助孩子在实践中明白这一想法究竟是否可行。如果爸爸们总是口头上表扬孩子,却从不用行动表示对他们成长的关心,那么孩子心里就会觉得,爸爸并不是真的关心他们。

(3) 亲密接触

身体的接触能拉近人与人之间的距离,爸爸和孩子之间也是如此。经常被爸爸抱在怀里、亲吻或牵手的孩子,在性格方面一般都比较积极向上,也懂得主动关心他人。而那些总是被冷落和忽视的孩子,性格往往都比较孤僻。

（4）全心关注

对孩子来说，爱有时候就是百分百的关注。他们希望能够得到来自爸爸的全部关注，也希望自己是爸爸心目中最重要的人。很多爸爸因为工作忙，陪伴孩子的时间会比较少，这就要求爸爸们要学会传递给孩子这种信息：爸爸很爱你，你在爸爸的心中是最重要的人。

（5）赠送礼物

收到礼物总是一件开心的事情，爸爸可以通过向孩子赠送礼物来表达爱意。

父爱和母亲一样，都是无私而深沉的，但很多孩子常常会抱怨感受不到来自爸爸的爱，这就需要爸爸及时调整策略，用爱来浇灌孩子的成长，而不是依靠一味的怒吼来压制孩子。

4. 做孩子眼中的"英雄"

在孩子眼中,爸爸常常是现实里存在的"英雄",会极大地影响他们对社会的认知,以及对为人处世的看法。因此,爸爸们应该发挥主观能动性,以身作则来引导孩子树立正确的三观,培养优秀的品质。在这方面有如下建议:

(1) 不要丢失正义感

所谓"正义感",其实不是一个很具体的概念。一般而言,促使人们与邪恶势力斗争的动力就是正义感。而作为孩子的第一偶像,爸爸不该丢失正义感,要努力向孩子传递真善美,让他们明白什么才是正确的生活方式和态度,哪些陋习是必须批评和制止的。爸爸的这些行为会帮助孩子树立起正确的是非观,从而成为他们一生的行为标准。

(2) 不要丢失探索精神

探索精神是驱使一个人不断探索实践、认知未知的动力。如果想让孩子拥有探索精神,爸爸就必须保证自己有探索精神,至少不应该随着年岁的增长而逐渐丧失。

比如，当孩子将玩具拆开之后，爸爸不应该直接开口责骂，而应陪孩子一同将玩具彻底拆开，并尝试将零碎的玩具重新组装回去。在这个过程中，孩子会不自觉地学习到爸爸身上的探索精神，而这也会让孩子在以后的生活中拥有好奇心和探索精神。

（3）提高动手能力

一个只会说不会做的爸爸，永远成为不了孩子心中真正的英雄。因此，爸爸们也要提高自己的动手能力，在孩子面前起到一定的示范作用。爸爸不要总是命令孩子去做更换水龙头、扫地等工作，也要和孩子一起扫地、拖地、修理家中坏掉的灯泡等。当爸爸成功完成一件事情时，一同参与其中的孩子必然会对爸爸产生敬佩之情，并学着去自己动手解决问题。

（4）提升独立解决问题的能力

英雄大多不需要别人的帮忙就能解决问题，还能使用"超能力"来帮助别人解决问题。因此，要想成为孩子心目中的英雄，爸爸应该让自己具备更高的解决问题的能力，而不是总想着依靠别人的力量。这样也会给孩子带来巨大的影响，让他们学会遇事先自己思考判断该如何破解遇到的难题。

作为爸爸，要时刻记住自己的"英雄"定位。

5. 别让不良嗜好影响孩子

有些爸爸虽然很关心孩子,但孩子最终还是没有朝着他们期待的方向发展,而是养成了一些不良习惯。而这一切大多也与爸爸相关,因为爸爸选择性地忽略了自己的一些不良嗜好,比如抽烟、酗酒、赌博等。

孩子的模仿能力很强,当一个爸爸有不良嗜好时,他的孩子大概率会模仿这一不良行为。但这个时候,爸爸的制止只会引起孩子的逆反心理:凭什么大人可以做,而他们却不可以?在这种逆反心理的驱使下,孩子会表现得越来越叛逆,最终走上歪路。

因此,如果想要孩子获得更好的发展,爸爸们也请调整生活习惯,戒掉那些不良的嗜好。

有一位爸爸有着多年烟瘾,平时白天在公司就抽得十分厉害。自从儿子出生后,妻子提醒他不要再抽了,以免对孩子产生影响。可这位爸爸却置之不理,照抽不误。

还有一位爸爸比这一位要负责一些,晚上会陪着孩子写作业,但即便是在辅导作业的时候,这位爸爸依旧在抽烟。尽管孩子被呛得直咳嗽,爸爸也没有停止。

去家访的老师看到这种情况之后,忍不住叹了口气道:"你家孩子为什么成绩不好,主要有两点原因。第一,你没有尽到应尽的责任。第二,你从不曾考虑过为孩子戒烟。试想,如果连爸爸都戒不了不良嗜好,孩子又会有什么动力去做出改变呢?"

不良嗜好会给孩子造成较大的反面影响。作为爸爸,要及时自我反省,有问题及时改正,千万不要抱着侥幸心理。孩子的眼睛是雪亮的,他们会将爸爸的一举一动都看在眼里,并学习模仿。

6. 有爸爸的信任,孩子才勇敢

教育专家调查发现:孩子对爸爸常常抱有特殊的信任。在孩子眼中,爸爸是他们学习上的启蒙导师,是他们生活上的引领者,也是他们学习的榜样。而爸爸对他们的信任,则被孩子认为是最大的肯定。在爸爸的肯定之下,孩子往往会拥有更多的勇气,能够独立而自信地完成一些事情。

因此,各位爸爸,请不要吝啬自己的信任,适当给予孩子肯定和称赞,让他们知道自己也可以。有时候,爸爸的一句小小的称赞,能让孩子高兴好久,也能让孩子拥有面对困难的勇气。当孩子面临困难时,各位爸爸,请相信,他们可以自己克服困难,解决问题。

(1) 适当表示关心

有些爸爸在教育孩子时容易走上两个极端,要么热心包办孩子的一切生活需求,要么对孩子的一切请求采取高冷态度。这两种极端都不可取,最正确的做法应该是具体问题具体分析。当孩子愿意去尝试一件有益的事情时,爸爸一定要表示支持,并鼓励孩子独立完成。如果孩子遭遇了失败,不要嘲笑和讽刺,而要给予安慰和肯定,鼓励他们寻找失败的原因并再次尝试。这样才能帮助孩子真正建立起自信,并实现自立。

(2) 合理应对失误

孩子难免犯错,这时爸爸们不该愤怒地用言语来责骂孩子,而应静下心循循善诱,帮助孩子找到犯错的原因,并认识到这些错误可能造成的严重后果,进而帮助孩子改正错误。在成长的过程中,孩子的道德观和是非观尚未完全建立,这需要爸爸理解并信任孩子,相信他们能够知错就改。

（3）切忌过分严厉

有些爸爸会误以为让孩子畏惧自己就能达到最好的教育效果，但事实并非如此。畏惧只会让孩子和爸爸之间的距离越来越远，甚至产生感情上的裂痕。好的父子关系应该是和谐的，爸爸会关注孩子的日常生活，并给予一定的指引，而非强制性地命令孩子去做某些事情或者改变。只有爸爸尊重孩子，孩子才会打心底里尊重爸爸。

●●●●·· 第七章 ····●●

有品的爸爸不粗暴，
会说服不会压服

1. 把"棍子"收起来，并不见得会宠坏孩子

　　世界著名教育家苏霍姆林斯基说过："尊重被教育的对象，是教育的实质和精华。"

　　"棍棒底下出孝子"早已不是现代教育的正确方式，这种粗暴的教育方式只会摧残孩子幼小的心灵，导致孩子被迫承受很多本不应该承受的伤害，最后丧失对生活的兴趣和信心。

　　教育不该是粗暴的，而应该是心与心之间的交流，是爱与爱之间的流转。

　　棍棒教育之下的孩子为了自保，往往会形成两种面孔：一种是面对爸爸时的听话和服从，还有一种就是失去制约之后的放纵和大胆。这双面性格会导致孩子变得越来越偏激，而随着他们的长大，他们内心的伤痕并不会因此治愈，反而会越来越不自信，难以与人正常交往。

　　谈到为什么要打骂孩子这个问题，很多爸爸都会说因为孩子太不听话。但暴力教育虽然能让孩子迅速停止错误的行为，却并不能让孩子真正认识到自己的错误。他们只是表面顺从，一旦机会来临，这些孩子往往会做

出更为疯狂的事情。而将打骂教育的原因归结在孩子身
上其实也是爸爸的失职，真正负责的爸爸应该主动去寻
找更合适的教育方式。

为了避免暴力教育的发生，爸爸们要懂得收敛情
绪，尊重孩子。当孩子感受到了尊重，他们才会有自信去
管理好自己的人生。

具体来讲，爸爸可以从以下几个方面来改善孩子的
教育问题：

（1）及时沟通了解

了解是判断的前提，爸爸在忙于工作的同时，也要
抽时间陪伴孩子，在相处中了解孩子的所思所想，对孩
子的表现和思想有一个较为清晰的认知。如此一来，当
孩子犯错时，爸爸才会更快更准地找出原因所在，从而
引导孩子改正错误。

（2）学会耐心倾听

孩子犯错时，爸爸不要张口便骂，应该先好好听听
孩子是怎么说的。如果孩子因为害怕迟迟说不出口，爸
爸也不该暴怒呵斥，而要耐心引导，弄清楚孩子到底为
什么要这么做。多问一问，或许各位爸爸就会发现一个
与自己想象中并不一样的答案。

（3）适当调整期待

孩子是独立的个体，不是爸爸用来实现自己人生目

标的工具,他们也有自己的追求和梦想。因此,爸爸们不要对孩子有过于不切实际的期待,而要学会根据孩子的兴趣爱好、行为能力等方面做出合理的调整。

(4) 懂得放低姿态

爸爸和孩子之间并非上下级关系,不要总是给孩子下达命令。单方面的命令和单方面的服从并不能让爸爸和孩子之间建立起良好的父子关系,反而会导致父子亲情淡漠,不利于亲子教育的发展。

对此,教育专家建议,爸爸要主动放低姿态,以平等的姿态来面对孩子,认真听一听他们的想法,而不是急切地将自己的所有判断和命令全部灌输给孩子。

(5) 懂得控制情绪

愤怒会让一个人失去理智,也会让爸爸在教育方面出现较大的失误。因此当自己处于一种盛怒的状态时,爸爸要给自己留点空间和时间,让自己冷静下来,然后再去思考如何教育孩子。

在孩子犯错时,打骂永远解决不了任何问题,也不可能让孩子从心底产生认同感。爸爸需要学习正确的教育方式,用爱和信任培养优秀的孩子。

2. 讽刺挖苦比打骂更严重

有些爸爸认为，贬低孩子能让孩子有更进一步的动力，但实际上，这种方式带给孩子的往往是巨大的伤害。

有一个爸爸格外喜欢下围棋，他自己没能成为职业棋手，便把希望寄托在了两个儿子身上。从大儿子上小学二年级开始，爸爸便开始教他下棋，可一年半的时间过去了，大儿子的棋艺完全没有长进。

有一天，大儿子下棋的时候犯了一个很基本的错误，爸爸气得不行，骂道："你简直就跟那些傻子一样笨。"

大儿子听到这话，直接将棋子一摔就跑开了，从此以后再也不肯下棋。

爸爸很是后悔，因此在教育小儿子的时候就改变了方法，经常称赞小儿子是下围棋的天才。

在爸爸的鼓励下，小儿子信心满满，对围棋也产生了极大的兴趣。兴趣是最好的老师，小儿子的棋艺进步很快，长大后成为一名真正的职业棋手。

爸爸的嫌弃和责骂会让孩子感到自信心受挫，导致孩子产生放弃的念头。当孩子在某些方面做得不够好时，爸爸不要随意指责孩子的智商问题，而要找到孩子的闪光点，鼓励他们更努力一些。

爱的力量是无穷的，它会鼓励孩子不断追求进步，最终实现或许本不可能实现的理想。

以下几种话是爸爸绝不能对孩子说的，希望各位爸爸牢记于心：

(1) 不要总是命令孩子

爸爸的威严不该体现在对孩子的命令和控制中。长期生活在命令中的孩子，他们的思维往往会比较僵化和迟钝，很难产生有创造性的想法。

(2) 不要随意侮辱孩子

孩子是需要信任和爱护的，爸爸要管理好自己的情绪，不要随口辱骂孩子。孩子的心灵是脆弱的，爸爸不经意的一句话会对他们造成巨大的伤害。孩子犯错时，爸爸需要做的是先弄清事实，而非武断判定一定是孩子的错。这会让孩子觉得委屈，导致以后不再愿意和爸爸分享交流任何事情。

(3) 不要肆意吓唬孩子

有些爸爸在孩子不听话时会选择用吓唬的方式来让他们听话。比如，爸爸会说："如果你再不听话，爸爸就不带你回家,把你一个人留在这里！"然而事实上,爸爸根本不会因为孩子调皮便丢下孩子独自一人。次数一多,孩子便会知道爸爸不过是吓唬他们而已,今后更不可能因此听话。相反,如果爸爸在孩子不听话时能将孩子拉在身边,严肃教导,孩子往往更容易认识到自己的错误,并弄清楚究竟什么事情是不能做的。

（4）不要总是埋怨孩子

在犯错以后，孩子的心里其实也会觉得愧疚和害怕。这种时候,如果爸爸只会冷着脸训斥孩子不听话不懂事,孩子会觉得更加无助。长此以往,性格绵软的孩子会逐渐丧失勇气,不愿意再去接触新的事物;而性格活泼的孩子通常会走上叛逆之路,凡事都和爸爸反着来,以此来证明自己的存在感。无论是哪种选择,对孩子的成长都是不利的。因此,当孩子因为错误感到无助时,爸爸不妨抱一抱他们,说:"孩子,每个人都会犯错,我们吸取经验,下回不要再犯同样的错误,好不好？"

（5）不要总是言而无信

诚信是立人之本,面对孩子,爸爸更应该遵守承诺。若是孩子完成了某项约定，答应孩子的事情和奖励,爸爸一定要做到,切不可事后找理由推托。一个总是言而无信的爸爸会永远失去孩子的信任。

3. 粗暴命令,只会形成爸爸和孩子的对立

　　家庭教育专家卢勤女士认为:"成人世界与孩子世界沟通的钥匙,并不只掌握在孩子手中,而是爸爸和孩子每人手中都有一把,最重要的是爸爸手中的钥匙。要想和孩子沟通,爸爸需要学会一件事——经常从孩子的观点上思考,从孩子的角度观察、决定事情——这是对孩子最大的尊重。与其用命令的方式对孩子指东指西,不如蹲下来好好和孩子说话。"

　　当爸爸能够蹲下来,好好与孩子平等对话,孩子必然会爱上和爸爸交流,进而更好地领悟爸爸想要传递给他们的精神和优良品质。相反,爸爸总是以高高在上的姿态面对孩子,只会让孩子产生严重的逆反心理,从而拒绝和爸爸谈心。

　　但日常生活中, 很多爸爸都习惯使用成人思维,经常用命令的语气和方式来和孩子交流。这种态度在孩子看来是相当讨厌的, 他们也有自己的想法和尊严,也希望得到尊重,而不是只机械地按照爸爸的指令生活。

（1）命令会造成爸爸和孩子的对立

粗暴的命令只会勾起孩子的逆反心理，促使事情朝着与预期相反的方向发展下去。在具体的亲子教育过程中，爸爸应该学会换位思考，从孩子的角度去考虑事情。请各位爸爸认真想想，如果是自己在孩子的年龄遇到了这些事情，自己会做出什么样的选择？只有试着去了解孩子心底的真正想法，爸爸才能找到最正确的教育方案，而不只是粗暴地命令孩子说出一切想法。

（2）命令会切断爸爸所有的后路

比如当爸爸命令孩子马上去睡觉时，孩子表示了抗议，并依旧在看电视。这时，有些爸爸虽然觉得无奈，但也不会再继续强迫孩子去睡觉。这在爸爸看来或许是在表现自己的通情达理，但孩子们通常会想：不听爸爸的话好像也没什么。

时间一长，爸爸在孩子的眼中便会失去威信，一些命令式的语句也会被孩子自动忽略，因为他们知道爸爸不会真的责骂他们。

但如果爸爸选择另一种较为委婉的方式劝孩子睡觉，就有了和孩子继续沟通交流的余地，不至于完全没有退路。

一旦选择了粗暴命令，爸爸就必须保证孩子能够听话,否则不久之后,爸爸的话便会失去应有的威严。

(3) 命令会影响孩子的人格发展

经常处于爸爸命令状态下的孩子,通常会形成两种不同的性格。一种孩子会对爸爸产生极大的依赖之情,凡事都希望爸爸来替自己做决断,很难独立自主决定一件事情;另一种孩子则会在和爸爸的不停顶撞间,变得越来越暴躁,进而产生潜在的反社会人格。

总而言之,爸爸教育孩子时要注意使用孩子的语气,千万不要随意命令。

4. 爸爸除了明说外,也该学点暗示

耳提面命的方式是许多爸爸会采取的亲子教育方式。这类爸爸喜欢向孩子明确表示出,哪些事情可以做,哪些事情不可以做,以此来督促孩子树立正确的观念和行为。

这的确是一种不错的教育方式,但若是爸爸常年只采取这一种方式,容易让孩子产生一种爸爸总是唠叨我的想法,进而开始反感爸爸的说教。

因此，爸爸应该不断摸索和创造多样的教育方式。在当面指明前进方向之外，爸爸也可以通过暗示的方式来引导孩子自主成长，让孩子在思考中找到属于自己的那一条路。与直接的耳提面命相比，这种暗示类教育方式能够让孩子认为目前一切都在他们的掌握之中，是他们自主选择的结果。

教育家苏霍姆林斯基说过："任何一种教育现象，孩子在其中越少感觉到教育者的意图，教育效果才越大。"教育孩子时，爸爸不妨多多运用以下几种暗示：

（1）眼神暗示

在某些场合，爸爸可以不必将要求直白地说出，而是通过眼神的传递来暗示孩子做某些事情。

比如，家中来客时，爸爸不用大声喊着孩子端茶倒水。有时候，只需要递给孩子一个眼神，他们就能领悟到自己现在到底应该做些什么，进而主动招呼客人。

（2）表情暗示

表情所能传递的信息要远比眼神更为明确和全面。当孩子做对了某些事情时，爸爸一个肯定的表情就能让孩子非常高兴。当孩子克服了某项困难时，爸爸一个赞许的笑容也是对孩子最好的激励。

（3）动作暗示

当眼神和表情不足以传递所有信息时，爸爸也可以通过一些动作来暗示孩子。

比如,当孩子的坐姿不妥,容易导致脊椎受伤和近视时,爸爸可以在孩子面前做出挺胸的动作来,以此暗示孩子端正坐姿。

(4) 情境暗示

环境对人的影响是巨大的,孩子也不例外。当孩子沉迷游戏时,爸爸可以暂不采取强制措施,而是将孩子的房间布置成一间小书屋,自己也经常去孩子的房间看书。长此以往,孩子会不自觉地模仿爸爸的行为,逐渐抛弃游戏,与爸爸一同看书。

(5) 人物暗示

教育孩子可以拿一些名人或自身作为榜样来影响孩子性格的养成。

比如,如果想教育孩子友好社交,与同学和谐相处,爸爸就要以身作则,首先做到不随意打骂孩子,并能够平心静气地和孩子交流。只有爸爸也做到了这一点,孩子才会真正愿意去理解爸爸的这种心理暗示。

(6) 活动暗示

孩子通常都精力旺盛,能够精神满满地参加各种活动,而这些活动正是教育孩子的绝佳机会。爸爸可以通过让孩子参与到不同的活动中,来实现教育孩子的目的。比如,当妈妈生病时,爸爸可以让孩子学着给妈妈倒热水递药片；邻居奶奶提了重物时，爸爸可以让孩子帮忙分担一些。

暗示，是无声的教育，是"润物细无声"的浸入。爸爸要学会尊重孩子，用孩子能够接受的方式去引导他们更好地成长。教育的责任总是在爸爸和妈妈身上，而非孩子。

5. 让每个孩子都"抬起头走路"

那些走在路上一直昂头挺胸的孩子通常都很自信，他们相信自己能做好很多事情。这类孩子即便遇到了一些困难，也能很好地调整心态，努力克服，继而成为德智体美劳全面发展的优秀青年。但现实生活中比例更大的往往是那些缺乏自信心的孩子，他们不敢相信自己真的能做好一些事情，整日被自卑笼罩着，难以突破自我设定的心理障碍。

孩子是否拥有自信，与爸爸的教育息息相关。

自信的孩子大多拥有通情达理的爸爸，这类爸爸能放手让孩子去尝试新鲜事物，通过不断试错得到进步。

当孩子面临挫折时,爸爸不会立刻责骂,而是会替孩子耐心分析因果关系,引导他寻找失败的原因,鼓励孩子通过努力克服困难,最后获得成功。

相反,不自信孩子的爸爸通常是武断而又过分以自我为中心的。这类爸爸认为孩子必须听话,必须顺从他们的意愿,不能有自己的想法。甚至于,这类爸爸有时还会侵犯孩子的隐私,比如随意查看孩子和朋友之间的书信,不经允许检查孩子的日记等。但这些错误的想法和行为正是导致孩子自卑感不断加深的真正原因。

在这类爸爸的教育下,孩子本该翱翔于天空的翅膀被紧紧锁住,无法振翅高飞,也难以形成独立的自我意识和世界观。

对爸爸而言,帮助孩子树立自信是一项非常重要的任务。只有拥有了自信,孩子才能不断披荆斩棘,克服各种困难,抵达成功的彼岸。

那么爸爸到底该怎么做呢?

(1)尊重孩子

对孩子失望时,很多爸爸会脱口而出以下语句:"你可真没出息。""你真是蠢得不可救药。""你怎么笨得跟猪一样!""你看看你现在的样子,当初我和你妈就不该把你生出来!"……

这些伤人的话语从爸爸的口中说出不过是几秒钟的事情，但它们却会成为一把尖刀，狠狠地刺进孩子的心脏，给他们带去无法弥补的伤害。

因此，无论多么生气，爸爸都不该说出这种完全不尊重孩子的话。

（2）宽严并济

人本主义心理学家卡尔·罗杰斯把温情、喜欢、关怀、尊重、认可、爱抚称为积极的关注，并把它看作是人类的普遍需要和自信源泉。

来自爸爸的拥抱和肯定能够让孩子感到安全，也能让孩子感觉到被需要、被认可。相反，来自爸爸的冷漠、拒绝和忽视容易让孩子产生自我怀疑，认为是自己不够好才会得不到爸爸的关爱和肯定。长此以来，这类孩子内心的不安会逐渐扩大，最终转化为自卑，严重的甚至会选择自暴自弃。因为在他们看来，既然无论做什么都得不到爸爸的认可，他们又何必继续努力呢？

因此，在严格督促孩子进步的同时，爸爸应当学会给孩子拥抱和鼓励，激励孩子更好更快地成长起来。

（3）学会放手

包办孩子的一切生活永远不可能让孩子学会独立和自信，因为他们会沉溺在爸爸为他们创造的安全环境内,在舒适中逐渐失去独立思考的能力。一旦离开了爸爸,孩子就会感到不安,什么事情也做不好。而糟糕的生活体验会让孩子更加依赖爸爸,更难形成自信独立的人格。

因此,爸爸在家庭教育中不妨学会放手,让孩子通过承担一定的责任来培养自信。当孩子发现可以依靠自己做好一些事情时,自信这种优良品质自然也会如约而至。

(4)目标合理

过高的期待会导致孩子总是难以实现目标,久而久之,孩子容易在无数次失败中失去信心,最终选择放弃;而过低的期待又会让孩子在无数次轻松成功中过度膨胀,最终因为骄傲自负而摔得更惨。因此,爸爸需要仔细衡量孩子的能力,帮助孩子设立合理的目标。

(5)挖掘特长

不同的孩子有着不同的特点和优势,爸爸需要挖掘孩子的潜能和天赋,并引导孩子不断放大自身优势,而不是单一地将目光聚焦在学习成绩上。

学习成绩不好的孩子也可能是一位潜在的绘画天才,或者是舞蹈天才。当所有人都在否认孩子的时候,爸爸要立场坚定地努力挖掘孩子的潜力,帮孩子找出他们最擅长的事情。如此一来,即便是成绩不佳,孩子也会因为自己在某些方面的突出而感到自信。

(6) 以身作则，树立典范

榜样的力量是无穷的，很难想象缺乏自信的爸爸如何能培养出自信心十足的孩子。爸爸能够充满希望地看待未来，孩子就会深受感染。当孩子看到爸爸的自信时，他们也会不自觉地学习模仿，最终成为一个和爸爸一样自信而乐观的人。

●●●●● 第八章 ●●●●

**有品的爸爸重德育，
寒门也能出贵子**

1. 爸爸错了，就要道歉

人无完人，爸爸做的事情也不可能一直都对。那么在犯错之后，爸爸应该怎么做呢？

很多爸爸十分在意自己在孩子面前的形象，因此会死撑着面子不肯向孩子道歉。但这种行为并不明智。

勇于认错的大人才能真正在孩子面前树立起榜样的作用。爸爸要用实际行动让孩子明白，犯错并不可怕，可怕的是犯错之后还为自己狡辩，并希望以此来逃脱惩罚。

周末天气不错，方益带着女儿去书店买书，书店的墙上明确写着"禁止吸烟"四个大字。然而女儿在挑书的时候，爸爸却在一边的角落里开始抽烟。

女儿皱了皱眉头，对爸爸说道："爸爸，刚才我们不是看到了吗？这里不让抽烟。"

方益无所谓地笑了笑，说道："没事，这里没人看见，而且我就抽一根。"

"抽一根也是抽。"女儿嘟囔了一句，看了看周围接着问道，"爸爸，难道说只要没人来管，我们就不需要遵守规定了吗？"

听见女儿认真的询问，方益的脸微微红了，又担心女儿以后学坏，连忙掐灭了烟头，摇头道："不，无论有没有人看见，我们都需要遵守规则。这次是爸爸错了，爸爸以后再也不犯了。"

听到爸爸的道歉，女儿立即笑了，说："没关系，知错能改就是好事，爸爸你很棒。"

向孩子道歉并不是一件丢脸的事情，相反，爸爸的积极认错还能让孩子真正感受到教育的力量。

因此，犯错后，爸爸千万不要因为所谓的面子问题而拒绝道歉。不道歉，爸爸才会真正在孩子面前失去威严和可信度。

这天，小雨爸爸回家之后发现家里的书橱凌乱无比，而小雨此时正坐在书橱前面的地上看书。爸爸有些生气，指着小雨就是一顿批评，认为是女儿乱翻才导致了这种结果。

然而小雨也很生气，嘟着嘴说："不，爸爸，这不是我做的。我进来的时候里面就是这个样子了！"

"你还撒谎？爸爸平时都是怎么教你的，你都忘了

吗？你现在必须在半个小时内把这里收拾干净！"爸爸
更加生气。

在爸爸的怒吼下，小雨又害怕又委屈，只好一边哭
着一边收拾书橱。

等妈妈回来之后，爸爸才知道原来书橱是妈妈弄乱
的，跟小雨没有一点关系。

爸爸顿时懊悔不已，跑回书房看女儿，却发现女儿
已经将书整整齐齐地摆好了。但看见爸爸进来，小雨立
即就转过脸去，显然不愿意再理会爸爸。

"小雨，爸爸知道了，这是妈妈弄乱的，是爸爸错怪
你了。"爸爸缓缓说着，却又立刻给自己找了借口，"可是
爸爸进来的时候这里就只有你一个人，爸爸难免会误
会，不是吗？"

"可是你根本就不听我解释！"小雨气呼呼地说道，
明显不满意爸爸的说辞。

爸爸想了又想，看着女儿生气又委屈的可怜样子，
只好鼓足勇气说道："对不起，这次是爸爸做错了。爸爸
应该听一听你的解释，你原谅爸爸好不好？"

爸爸特意放低的姿态终于让小雨消了气，她哼了一
声说："既然爸爸你道歉了，那我就原谅你吧。不过我希
望爸爸以后能多听一听我的话，不要总是上来就生气。"

"好，爸爸以后一定会改正。"爸爸立即就笑了起来，

却又好奇地问道，"爸爸一道歉你就不生气了，那如果爸爸不道歉的话，你是不是要生气好多天？"

小雨重重地点点头，说："是，而且既然爸爸做错了事都不用道歉，那我以后也不用道歉了！"

孩子最先是从父母身上学习为人处世的道理。如果爸爸做错事之后拒绝道歉，那么孩子也会照搬学习，从此拒绝道歉。

因此，无论要求孩子做到什么，爸爸首先要做的就是保证自己能做到这一点。

2. 不要滥开"空头支票"

承诺一定的奖励，是很多爸爸都会选择的鼓励方式之一。但爸爸们需要记住的一点是，承诺是双方之间的约定，在对孩子做出承诺之后，爸爸需要严格遵守承诺，而非轻易毁约。

在小明读三年级的时候，爸爸答应他，只要小明在这一次的期末考试中考了"双百"，他就会带小明去三亚度假。然而，当小明真的努力考出了"双百"成绩时，爸爸却轻飘飘地说："最近工作很忙，爸爸没时间带你去玩。"

听到爸爸的话，小明气急了，但也知道和爸爸说根本没用，只好私下跟小伙伴抱怨爸爸的言而无信。

当暑假来临时，爸爸又说，只要小明愿意去书法班学习，他就给小明买一辆汽车玩具。

但这一次，面对爸爸的承诺，小明选择了忽视，说："爸爸说的话从来都不算数，我不会再相信爸爸了！"

日常生活中，很多爸爸都像小明的爸爸一样，会因为想让孩子完成某件事情而许诺一些奖励。但当孩子真的完成任务时，爸爸们又仿佛失忆了一般，选择性遗忘曾经的承诺。

这种不诚信的行为会让孩子失望和难过，并让他们从爸爸的身上明白，有时候不讲信用也不算什么。等到孩子的这种认知完全确立起来的时候，再想扭转他们的想法就很困难了。

因此，不要轻易向孩子许诺，一旦许下承诺，爸爸就要坚决履行约定，爸爸的契约精神会影响到孩子对诚信的认知。

当然，人生难免会有一些意外出现。如果因为某些原因，爸爸的确难以实现当初对孩子的承诺，也该主动、真诚地向孩子道歉，并认真说明理由，以此来获得孩子的谅解。

3. 随时随地进行爱心教育

爸爸希望孩子能够得到最好的教育，获得最为成功的人生，因此习惯于将所有的爱都倾注在孩子身上。对这些孩子而言，他们得到的是爸爸全部的爱，然而，并不是所有的孩子都会感恩这一份沉重的父爱。有些孩子反而还会因为这份父爱而完全以自我为中心，缺乏同理心，也难以产生同情心，这对孩子未来的发展十分不利。

有一天，爸爸带女儿去公园里面玩，玩累了之后就在一边的公园长椅上休息，爸爸拿出果冻给女儿吃。这时，爸爸发现在离他们不远处，有一个小女孩正单独坐在那里，此时正羡慕地看着女儿手中的果冻。

　　见此，爸爸询问女儿："宝贝，我们分一点果冻给小姐姐好不好？"

　　女儿看了一眼那个姑娘，一口回绝："不好。"

　　爸爸一愣，却还是耐心劝导："宝贝，你想想，如果爸爸因为有事不在你身边，你希不希望别人也能分享点东西给你吃？"

　　女儿想了想，点头说："想。"

　　见此，爸爸笑了，说："所以啊，现在那个小姐姐一定也很想吃你的果冻，你愿意分享吗？"

　　女儿又想了好一会儿，才点点头将果冻分了出去。当那个小姑娘笑起来的时候，女儿最后那一点不情愿也没有了，跟着一起开心地笑了。

　　爸爸应该重视孩子的爱心教育，让孩子能够体会到他人的痛苦和愿望，而后在不损害自身利益和安全的前提下尽可能地帮助别人。

　　（1）看准时机悄悄教育

　　生活中，孩子难免会有一些缺乏爱心的行为，因为此时他们的身心尚未完全发育完毕，容易因为各种原因而做出情绪化的选择。因此，在发现孩子不愿意献出爱心时，爸爸应该及时制止孩子，将孩子领到一个无人的地方，而后再低声进行教育。须知，孩子也有尊严，需要被尊重，爸爸在教育孩子的同时也要顾虑到孩子的自尊心。

（2）及时鼓励称赞

当孩子主动自觉地做出一些有爱心的行为时，爸爸要给予一定的口头甚至是物质奖励。如此，孩子才会更深刻地知道哪些行为是被认可和赞许的，今后也才会更多地以此为标准去行动。

（3）节日是很好的教育时间

不同的节日是为了纪念不同的人，爸爸可以根据不同的节日来教导孩子学会感恩。比如，教师节时，爸爸可以参与到孩子制作贺卡的活动中去，让孩子感受到老师的不易；母亲节时，爸爸可以让孩子帮妈妈做一些小事，以此来体会妈妈的辛苦……

（4）精心呵护

"孩子的爱心是稚嫩的，你在乎它，它就会长大；你忽视它，它就会枯萎；你打击它，它就会死去。"如果想让孩子变得富有爱心，爸爸就要悉心培养孩子的爱心，并在日常生活中好好呵护这种珍贵的品质。但很多爸爸常常因为繁忙的工作而忽视孩子的爱心，将孩子的爱心粗暴地扼杀掉。

孩子的优秀永远离不开爸爸的精心培育。在生活中，爸爸应当注意对孩子言行举止的引导，时刻关注孩子的心理状况，帮助孩子靠近更好的自己。

4. 现代爸爸必须让孩子学会社交

正所谓在家靠父母,出门靠朋友,结交朋友是每个人都需要做的事情,而爸爸要做的就是鼓励孩子出门社交,而不是待在家庭这个舒适区内,凡事依赖爸爸或者妈妈来解决。

但朋友的挑选对孩子来说至关重要,优秀的朋友能让孩子共同进步,更好地学习优良品质和提高办事能力。但若是孩子不慎交了损友,也有可能就此沉沦下去。

周峰和孙强是同班同学,同时也在一个足球队里,因此成了朋友。一开始,周峰的成绩还算不错,也从不迟到早退。但自从和孙强做了朋友之后,孙强的生活方式给周峰带来了极大的影响,他也开始迟到、早退,甚至是逃课出去玩。

时间一长,周峰也认识了孙强那些不爱学习、会逃课打游戏的朋友,更是因此沉沦下去,染上了许多不良习惯。见此,班上本来和周峰是朋友的人也渐渐疏

远了他，周峰的成绩越来越差，最后甚至因为打架而
被迫退学。

想要了解一个人，看他的朋友往往是最好的办法。
一个人的本性或许可以偶尔隐藏，但他的朋友必然会
"出卖"一切。因此，爸爸一定要慎重对待孩子的交友问
题，帮助孩子去结交那些真正有益的朋友。

作为爸爸，需要教导孩子以下几种择友原则：

（1）择善原则

因为孩子尚未形成完整的自我判断和规划能力，所
以爸爸需要尽到引导的责任，告诉孩子如何正确筛选朋
友。在社交这个方面，孩子要懂得"择其善者而从之，其
不善者而改之"，而且要"两害相权，取其轻；两利相权，
取其重"。这里的"善"，不是指善良，而是指对自己、对社
会友善和乐于助人的朋友。爸爸需要让孩子明白，朋友
是共同进步的伙伴，如果感觉对方对你是有害的，就必
须果断放弃这个朋友，避免受到不良影响。

（2）平衡原则

人的精力有限，不可能无限制地去结交朋友，因为
朋友关系的维护也需要投入时间和精力。爸爸需要让
孩子学会控制朋友的数量，避免因为过度交往而影响
到孩子正常的生活和学习。当然，如果朋友太少，孩子

也容易感到孤独, 这时就需要爸爸及时帮助孩子走出去,主动去结交朋友。

(3) 积极原则

朋友从不会从天而降, 需要孩子主动去寻找和维护。因此,爸爸要教导孩子热情地对待心仪的结交对象,积极采取行动来构建双方友谊的桥梁。

(4) 真诚原则

能够换到真心的永远都只能是真心。孩子若想得到他人的真诚对待,就该先一步真诚对待别人,这是人与人交往的基本原则。只有真诚才能让孩子结交到真正的好朋友。

(5) 理解原则

朋友的关系确立之后还需精心维护,然而很多孩子往往会忽视这一点,认为关系确立后便万事大吉。但爸爸必须要让孩子明白,若想得到一个交心的朋友,孩子还需要用心去维护这段感情,通过互相了解、互相理解彼此的想法来进一步加深感情。当双方因为一些事情而发生冲突时,适当的让步是应该的。作为朋友,本就该互相体谅和理解,而非强迫别人听从自己的想法。

(6) 守信原则

诚实守信同样是人与人交往的一条原则,爸爸要记得提醒孩子,时刻牢记"言必信,行必果"这句话。如果对朋友许下了承诺,孩子就要遵守诺言,同时做到为对方保守秘密。朋友分享的秘密不该成为孩子炫耀的工具,而应该作为朋友之间友谊的象征。

(7) 平等原则

人人平等的原则要贯穿孩子的一生,爸爸要教导孩子尊重朋友的感情和生活方式,不要居高临下地对朋友的生活指手画脚。当然,适当提一点建议有利于朋友改进提高,但孩子也必须将朋友的人格放在第一位,真正做到尊重和理解他人。

(8) 宽容原则

有时朋友难免会做出一些错事,这时孩子不必揪着朋友的错处不放,而要表示一定的宽容,避免让朋友太过愧疚。当然,爸爸需要让孩子明白,宽容并不意味着纵容。如果朋友犯的是一些原则性的错误,孩子就要立刻和朋友划清关系,切勿纵容他们的恶习。

(9) 适度原则

分寸感在交往中十分关键,拥有分寸感的孩子不会随意侵犯朋友的界限。懂得尊重朋友的隐私和个人生活,才能给彼此创造一个舒适的交友环境。因此,在人际交往中,爸爸要教导孩子拿捏住分寸,牢记过犹不及的道理。

5. 文明礼貌是孩子的"身份证"

心理学家认为，礼貌归根到底是习惯的问题。

从小浸润在以礼待人环境中的孩子，长大后通常都会成为知礼守法之人；而从小忽视礼貌培养的孩子长大后也会因为不懂礼貌而遭人嫌弃。

因此，若想孩子懂得礼貌待人，爸爸就需要从小培养孩子以礼待人的习惯，将这份品质刻进孩子的心底。

但很多爸爸常常会因为孩子年纪小而忽视这一品质的培养，他们认为就算少一点教养和礼貌也没关系，只要孩子的能力和成绩足够优秀，这些性格方面的缺陷都可以被忽视。但真正的超级天才毕竟是少数，大多数人一生的成就都不会相差太多，孩子自然也难以用耀眼的才能让别人选择性忽视他们的性格缺陷。

还有一部分爸爸认为孩子年纪还小，等他们长大了自然就会明白礼貌待人的重要性。这种想法是错误的，当孩子长大以后，他们小时候的行为和看法已经成为习惯，和他们的呼吸融为一体，很难再有所改变。

因此，培养礼貌待人的习惯，必须从小开始，具体来

说,爸爸可以从以下几点入手:

(1)确定自己的榜样作用

古语说:"己正而后能正人。"爸爸若想要求孩子以礼待人,就应该先确认自己是否做到了这一点。当家中来客时,爸爸可以通过具体的行为来表现何为礼貌待人,让孩子真正意识到礼貌的重要性。

(2)帮助孩子确立礼貌常识

在日常生活中,爸爸需要告知孩子哪些是礼貌的行为,在与人交往的时候需要注意哪些问题等。孩子心智尚未成熟,他们很难独立认识到哪些行为代表着粗俗不堪,哪些行为又代表着礼貌真诚,这些都需要爸爸来告诉孩子,让孩子明确基本的礼貌意识。

(3)关注孩子的言行举止

一个人的言谈举止总会体现出他的修养,因此,爸爸必须关注孩子的语言和行为,帮助孩子及时改正错误的说话和行为方式。比如,在和长辈说话时,孩子要懂得说"您";别人发言时,孩子要认真倾听,切不要随意打断他人。若是孩子忽略了这些,爸爸可以在旁进行提醒,让孩子意识到这是最基本的礼貌行为。

(4)鼓励孩子主动参与交流

礼貌意识确立后,孩子还需要具体的交流来加深对此的理解。缺少了实践经验,孩子难以真正理解礼貌的

作用和好处,也很难将礼貌真正记在心底。因此,爸爸需
要鼓励孩子走出去,尝试独立与人交往,并在交往过程
中不断反思自己的行为,认真思考自己做得是否正确得
体。如此一来,孩子便能学会举一反三,真正成为一个有
礼貌的人。

6. 让孩子放弃"拼爹"的思想

适当的攀比能够促进进步,可过度的攀比却会让孩
子失去本心,陷入盲目追求奢侈生活的怪圈,最终在现
实和梦想的落差中痛苦不堪。

孙英今年十岁,但对生活品质的要求十分高。无论
是穿的还是用的,孙英都要求名牌,而且屋内的家具也
都十分昂贵高档,但其实孙英家并不富裕。

孙英的父母只是普通的公司职员,收入勉勉强强算
得上是中等水平。为了让孙英能够用上想要的那些名牌
产品,父母自己省吃俭用,将所有的钱全都花在了儿子
身上。虽然爸爸也试图劝儿子理智消费,可根本没用,因

为儿子总有各种各样的理由。

在孙英看来,学校里的同学都穿品牌,如果只有他一个人不穿,岂不是显得很不合群?

虽然因为儿子的要求,爸爸压力很大,但溺爱孩子的他还是选择满足儿子的需求, 直到儿子的要求越来越过分……

作为爸爸,需要让孩子认识到家庭条件的攀比并非正道,因为爸爸的成就并不是孩子的荣誉,只是孩子起步的基石,是不能被挥霍和浪费的。真正良性的竞争应该是孩子的能力和成绩,而非金钱、名牌衣服等这些与孩子自身无关的外在条件。

(1) 教育孩子切勿溺爱

有求必应显然并不应该存在于爸爸对孩子的教育过程中。相反,爸爸应该适当拒绝孩子的无理要求,让他们认识到哪些要求是不应该提出来的。

孩子成年以前很少会形成固定的思维模式,他们的想法会因为外界环境的变化迅速发生改变,这就需要爸爸及时了解孩子的世界,明白他们内心所想,并拒绝对孩子百依百顺。

事实证明,爸爸越是迁就孩子,孩子反而会越嚣张过分。同时,爸爸本身也不该存在不合理的攀比心理,而要正确认识孩子的能力和成就，切勿认为自家孩子一定要强过别人家的孩子。一旦爸爸也产生了这种错误的想法,孩子便会有样学样,难以抑制自己越来越膨胀的攀比心理。

(2)教育孩子正确比较

年幼的孩子并不能形成一套完整而又正确的价值观和是非观,这就需要爸爸做好引导工作,让孩子真正意识到什么是对的,什么是错。比如,在团队比赛中,爸爸要教导孩子不要着眼于个人的成绩,而要关注团体的成就以及个人对团队的贡献;在生活中,爸爸要教导孩子不要攀比物质条件,而要在学习和能力上与同学进行良性竞争。同时,爸爸也要告诉孩子正确认识自己的能力,切勿和那些远高于自己的同学比较,否则在较大的落差下,孩子非常容易产生自卑感。

第九章

有品的爸爸有责任，
给孩子一个坚强的世界

1. 强化孩子的心理承受能力

生活中处处都是压力和磨难，心理承受能力的高低决定了孩子是否能很快从挫折中走出来。无论是成年人的世界，还是孩童的世界，都会存在各种各样的挫折，有些孩子能够勇敢前进，战胜困难，但有些孩子却会在困难面前止步，选择逃避。其实，孩子会做出什么样的选择，往往与爸爸的教育有关。

两年前，苏成一直都是热情开朗的三好学生，经常主动参与班级活动。但现在的苏成却被诊断为轻度抑郁症。这是为什么呢？

苏成的爸爸在得知孩子患了抑郁症之后仔细寻找原因，这才发现根源在于苏成两年前的一次挫折，以及他当年对孩子心理健康的忽视。

那一年，苏成代表学校参加全省中学生知识竞赛，之前表现一直很好，但在最后一轮决赛时，苏成因为紧张答错了一道题。

当结果公布时，苏成发现台下的老师和同学眼中都是失望，顿时陷入了自责之中。之后，当同学们早已忘记这件事情时，苏成依旧沉溺在失败的懊悔中不可自拔。爸爸虽然也感觉到了孩子的变化，但由于忙于工作也没有多加重视，最终导致苏成越来越封闭自我，患上了轻度抑郁症。

其实，现在很多孩子心理都比较脆弱，平时顺风顺水的时候看不出来，但一旦他们遭遇一些意料之外的挫折，就会丧失信心，逐步封闭内心，甚至走向极端。这就要求爸爸时刻关注孩子的内心世界，不要过度保护孩子，也不可放任孩子一直沉浸在失败的自责中。

须知，温室里的花朵禁不起任何风吹雨打，爸爸们需要放手让孩子成长，让孩子学会勇于面对失败。优胜劣汰是生存的法则之一，孩子必须不断成长才能更好地在社会中扎根。

对于那些成长环境比较特别的孩子而言，爸爸更应该多加注意，时刻关心他们的心理承受能力。

比如，单亲家庭中，爸爸要能够像妈妈一样关心孩子的情感世界；孩子有生理缺陷时，爸爸更应该鼓励肯定孩子，让他们在爱和关怀中建立自信，能够独立应对生活中的一些难题；孩子性格比较内向时，爸爸要多多沟通，深入了解孩子的内心，帮助他们尽可能消除各种潜在的负面情绪……

　　每个人的承受能力都是有限的，孩子更是如此，如果他们没有有效的发泄渠道，一旦这些负面情绪积压到一定程度便会爆发出来，导致孩子做出一些违反常规的事情。这时，爸爸要做的不是立即责骂孩子，而是冷静地坐下来，和孩子好好谈谈，耐心询问他们这么做的原因，帮助他们走出抑郁的情绪圈子。

　　上小学时，吴峰总是班里的第一名，不管是什么类型的考试都没有失败过。但在关键的"小升初"考试中，吴峰却意外考砸了。考砸的后果是，吴峰失去了升入重点中学的机会。巨大的落差让吴峰如霜打的茄子一般，整日瘫在床上，心里只有一个念头：我的人生完了！

　　然而与吴峰的绝望不同，爸爸却很是乐观，他拍拍儿子说道："人生就是这样起起伏伏，谁能保证自己的一生永远顺顺利利，遇不到任何挫折呢？老师不是也说了吗？失败是成功之母，一次的失败算不了什么。但你要是再这么消沉下去可就真的没救了。"

　　听了爸爸的话，吴峰想了好几天才终于想通，从此更加刻苦学习，发誓要用实力证明自己的能力。

　　吴峰的努力是有成效的，入学后，他的成绩提升很快，根本不输于那些重点中学的孩子。

孩子良好的心理承受能力并非天生的,需要后天培养才能逐渐形成和确立。爸爸需要从小锻炼孩子的挫折承受能力,帮助他们从一次次的失败中吸取经验,以乐观的心态一点点进步,最终走向成功。这就要求爸爸不要过度保护孩子,而是要让孩子去接受和经历磨难。当孩子真正经受了挫折时,他们的心理承受能力才能得到真正的锻炼和提高。

当然,孩子的成长离不开爸爸的悉心教导,也少不了爸爸的保驾护航。在孩子面对挫折时,爸爸要及时站出来给予帮助,鼓励孩子独立自主思考问题,寻找最优的解决方法。爸爸的信任和鼓励能够让孩子相信自己拥有克服挫折的能力。

2. 因为懂得，所以勇敢

世人皆有畏惧之物，孩子也不例外。有些孩子害怕打雷，有些孩子害怕各种虫子，还有些孩子怕鬼……孩子拥有这种害怕的情绪无可厚非，也不是应该指责的事情。但诸如怕鬼这类情绪其实是因为孩子对自然知识的了解不够而产生的，只要爸爸做好科普工作，告诉孩子这世上没有鬼，孩子自然就能摆脱对这种事物的恐惧。

因为生意的关系，万先生一家移民英国，他为儿子在伦敦找了一家小学。因为担心儿子刚来这里不太适应，万先生每天都会关注孩子的学习状况。

有一天，儿子回家之后就举着手里的画给万先生看，特别高兴地问道："爸爸爸爸，你看这幅画像不像我？"

万先生低头一看，吓了一跳，因为画里面的根本就不是人，而是一具白骨。深呼吸平静情绪之后，万先生问道："你为什么要画这个呢？"

"老师让我们画的呀。"儿子笑眯眯地说着。

可万先生实在是不能理解老师为什么要让孩子画这么"可怕"的东西，因此第二天干脆陪着孩子一起去了学校。到了教室之后，万先生发现教室墙壁的正中央挂着十几张白骨图，图画的右下角还有孩子们的署名。正当万先生百思不得其解的时候，老师走了进来，了解清楚万先生的来意后笑着解释道："我这是在培养孩子们的勇气。其实这些白骨根本就不可怕，它们是我们每个人身上都拥有的。孩子们知道这一点之后，自然就不会再害怕了。"

万先生似懂非懂地点头离开了，直到有一天晚上，万先生带着孩子去看电影。电影散场后天色已经很黑了，万先生问孩子："天这么黑，你怕不怕有鬼啊？"

谁知孩子立即就笑了起来，摇头道："我才不怕呢，老师早就说过了，人死了就只会留下一具白骨，根本就没有鬼。"

中国爸爸有时候并不愿意告诉孩子一些常识性的东西，反而还会在孩子不听话时吓唬孩子，警告他们如果再不听话就会被专吃小孩的鬼怪抓走。这种方式虽然的确能暂时震慑孩子，让孩子瞬间听话，但也会导致孩子变得胆小，缺乏正确的认知。

（1）传输基本常识和自然知识

无知往往会让人对一些神秘的东西感到害怕，但其实很多奇怪的现象都能用科学来合理解释。因此，爸爸可以为孩子采购一些科普类书籍，让孩子正确认识自然知识，摆脱对某些自然现象的恐惧。

（2）鼓励孩子正视黑暗

处于看不见的黑暗环境中时，孩子常常会感觉到害怕，这其实也是人之常情，毕竟黑暗的确容易引起恐惧。但如果孩子在家中时还会害怕黑暗，爸爸就该重视这一点了，要想办法帮助孩子克服对黑暗的恐惧。

比如，爸爸可以关掉卧室的灯光，领着孩子一起踏入黑暗。等下一次，爸爸可以不进去，只在门口等孩子拿完东西出来。等孩子出来之后，爸爸要记得夸奖孩子的勇敢，让孩子明白眼前的黑暗根本不足为惧。

（3）采用系统脱敏疗法

当孩子惧怕某类事物时，爸爸可以不急着让孩子克服恐惧，而是让孩子多看一看其他孩子对待这些事物的态度。例如，有些孩子特别怕小动物，这时爸爸就可以让孩子看看自己是如何和小动物接触和相处的，同时也可以请其他孩子来示范和小动物的和谐相处模式。当孩子感觉到这些小动物的确没有任何威胁之后，他们就会愿意尝试伸手触摸，从而克服自己的心理障碍。

记住,在帮助孩子克服他们为自己制造的心理障碍的过程中,爸爸必须要有足够的耐心,切勿因为一次两次的失败就责骂孩子,否则只会让孩子变得越来越敏感脆弱。

3. 责任是成长的第一步

列夫·托尔斯泰说过:"一个人若是没有热情,他将一事无成,而热情的基点正是责任心。"

责任感,是每个人对自己所应当承担义务的正确认识和自觉态度。因为责任感的驱使,人们不需要他人的鞭策就能自觉完成应当做好的各项任务。

这天天色漆黑,雪下得很大,连路灯在风雪里都显得有些影影绰绰,一名军官正在休假回家的路上。在路过一个公园的时候,这名军官被一个人给拦了下来,来人问:"您好,请问您是一位军人吗?"

军官停下脚步,点头说:"是的,需要什么帮助吗?"

来人点点头,指了指不远处的路灯,说:"您看见那边站着的一个小男孩了吗？他冻得在那边一直哭，可我问他为什么不回家，他却说自己还在站岗，不能随便离开岗位。我想这个孩子之前应该是和朋友在玩游戏，但他的朋友们却忘记给他下达离开的命令了。所以，可以请您帮下忙吗？"

军官一愣，目光落在了不远处那个瘦小的身躯上，点点头说："好，这件事情就交给我吧。"

目送这位好心人离开之后，军官立即赶到了小男孩的面前，敬了个军礼问道："你好，我是团长。天这么黑，雪这么大，你一个小孩子为什么站在这里不回家？"

小男孩抽泣道："报告团长，我不能离开这里，我现在的任务是在这里站岗，这是我的责任。"

军官顿时笑了，却又立即严肃地说道："好，那我现在命令你立刻转身回家。"

小男孩一愣，随后开心地笑了，他朝着军官回了个不太标准的军礼，感谢道："是，团长！"

责任心是支撑一个人在社会立足的重要品质，同时也是一个人取得成功的必要品质。只有拥有强烈的责任感，人们才会在这种内驱力的驱动下自主学习，自主提高能力，做好一切该做的事情。而责任心的培养需从小抓起，爸爸要及时对孩子进行责任教育，让孩子认识到对自己负责、对他人负责、对社会负责的重要性。

懂得负责，拥有高度责任心的孩子通常都能更好地完成一件事情，而那些缺乏责任心的孩子通常会因为拖延、敷衍等问题面临失败。

1922年7月4日（美国国庆节）前夕，一个十一岁的男孩用一种特殊的方式得到了一些明令禁止燃放的掼雷。他很高兴，下午特地跑到罗克河大桥旁，甩响了一只掼雷。

轰的一声响起，这巨大的声响很快就吸引了许多人的注意。没多久，一辆汽车便开了过来，司机命令他赶紧上车。

然而男孩却表示拒绝："不，我不去，我爸爸说过，不能随便上陌生人的车！"

"我是警察。"司机黑着脸亮出了警徽，这才让男孩上了车。

等到警察局之后，男孩很快就被带去见了局长。看见局长的那一刻，男孩惴惴不安的心顿时就安定了下来。男孩认识这位局长，他总是和自己的爸爸一起打牌，那应该不会太过刁难自己吧？

只是事情并未如男孩想的那般发展，局长公事公办地告知了男孩爸爸这件事情，并按照规定收缴十二点五美元的罚金。爸爸没有辩驳,直接交钱领男孩回了家。

在爸爸可怕的脸色面前,男孩不敢说话,妈妈倒是在一边劝说爸爸不要太过生气。爸爸最终只是对男孩说道:"你必须为自己的错误负责。"

"怎么负责?"男孩表示不解。

"这次的罚金要你自己出,之前我交的就算是借给你了。最多一年,你要把这些钱还给我。"爸爸面无表情地说完就离开了。

从此以后,男孩便开始了打工生涯,因为年纪小不能做重活,他就去做一些洗碗和捡垃圾的工作,终于在半年后还清了欠款。而在这半年的时间里,男孩终于认识到了为自己的错误买单的重要性,也明白了不要知法犯法,要对自己的人生负责。

后来,这位男孩不断努力,最终成功当选总统,他就是罗纳德·里根。

孩子犯错是常有的事情,这并不可怕,只要爸爸能够抓住这一关键的教育机会,就能顺利扭转孩子错误的想法,让他们认识到正确的生活态度和生活方式。这要求爸爸能够正确对待孩子的错误,用合适的方法帮助孩子成长,而不是单纯依靠责骂来教育孩子。

要知道,在孩子犯错后的黄金教育时期里,若是爸爸采取了不当的教育方式,孩子或许会对这次错误毫不在意,也或许会因为极度的恐惧而做出一些极端行为。这些不良的后果都是需要爸爸尽力避免的。

孩子的人生不可重来,爸爸们要学会正确引导孩子,不要因为一次的错误就彻底放弃孩子。

4. 别让孩子把冷漠当坚强

坚强的孩子能够自主应对生活中的困难和挫折,不会因为小小的变故就放弃进步。作为爸爸,需要从小锻炼孩子的意志,让孩子能够笑对风雨。但有时候,有些爸爸会错把冷漠当坚强,将孩子的冷漠误认为是自立自强。

其实,冷漠和坚强在本质上有着很大的不同。坚强的孩子,即便是不愿求助别人,他们的内心也是火热的。当他人向他们求助时,这类孩子会愿意担负起责任,带领别人一同走出困境。但冷漠的孩子不同,他们的内心没什么温度,对于别人的求助也通常不屑一顾,不愿意承担拯救的责任。

　　爸爸需要明确坚强和冷漠的核心区别,避免孩子走进冷漠的误区。

　　林爸爸和孙爸爸是邻居,他们都希望将孩子培养成一个坚强的人。但在具体的教育操作方面,这两位爸爸却有着不同的做法。

　　林爸爸一直鼓励孩子勇敢面对困难,告诉他:"你要坚强,不管遇到什么事情都不能退缩,也不能哭。你要知道,哭泣代表软弱,只会让人看不起你!"

　　儿子将爸爸的话记在心里,之后无论遇到什么困难都一个人独自支撑,从不寻求他人的帮助。当然,其他孩子因为承受不住而哭泣时,他也根本毫不在意,只关心自己的成就。当别人向他求助时,他会直接拒绝:"只有弱者才会寻求别人的帮助,我不会帮你的,你自求多福吧。"

　　儿子的表现让林爸爸很满意,并鼓励孩子一直坚持下去。时间一长,儿子的朋友越来越少,有很多孩子在背后说他太过冷漠。

　　相比于林爸爸的教育,孙爸爸在教育孩子之前就翻阅了大量资料,特地为孩子制定了一套教育方案。

　　某天正下着大雨,孙爸爸高兴地带着儿子到了一座古塔的下面。不过孙爸爸并不是让孩子来参观的,而是要求孩子扔掉雨伞,在这里淋雨。

对于儿子的疑惑,孙爸爸这样解释道:"几千年来,这座古塔不知道经历了多少风雨,但是它依旧屹立在这里。这是为什么?爸爸今天就告诉你,这是因为它地基牢固,骨架紧密。其实人也一样,你只有现在打好基础,将来进入社会才能在激烈的竞争中杀出一条路来。好,接下来,我们就一起绕着这座古塔跑五圈!"

说完,爸爸就带头跑了起来,儿子紧跟在后面,咬牙坚持着。哪怕是中途摔倒了,也会立刻爬起来,追赶着爸爸的步伐。此后,孙爸爸更是带着儿子四处探险,并时常鼓励孩子独立解决问题。但是当他们遇见一些寻求帮助的人时,孙爸爸也会领着儿子尽力提供帮助。

时间一长,在孙爸爸的教育下,儿子性格变得越来越坚强,意志力也远超同龄人。但孙爸爸的儿子从不认为失败是一件可耻的事情,因为哪怕是这次失败了,他也会很快站起来,重新开始挑战。

通往成功的路从来都没有捷径,孩子必须足够坚强才能克服各种困难,最终获得成功。而坚强这一品质的塑造离不开爸爸的鼓励和信任。

在这一点上,爸爸依旧要在孩子面前做好表率和榜样,用自己的坚强和勇敢去给予孩子正面积极的影响。

爸爸在培养孩子坚强品质的时候,不要太小看孩子的能力。有时候孩子虽然年纪小,但他们并不弱小,他们拥有属于自己的强大力量。因此,爸爸要学着相信孩子,相信他们可以依靠自己的力量解决一些困难,不需要时刻守在孩子身边,替他们提前扫清一切困难。

就算孩子的确遇到了一些棘手的难题,并因此受到了包括生理和心理方面的刺激,爸爸也不应过于激动。很多时候,只有让孩子感受到生活的艰辛,他们才会珍惜当下,才会更努力地为未来而奋斗。

当然,孩子因为年纪小通常都没什么耐心,做事情容易三分钟热度。这时,爸爸就要鼓励孩子坚持下去,让他们明白只有坚持才能最终得到自己想要的东西。

5. 为孩子设定合理的目标

"总让孩子努力,却总不让孩子尝到成功的甜头,他哪会有动力呢?"孩子需要适当的激励才能更积极地去完成目标。如果爸爸为孩子设定的目标过高,孩子会因为迟迟达不到目标而陷入失望,最终丧失追求成功的兴趣和欲望。

因此,爸爸要为孩子树立跳一跳就能够着的目标,让他们能有动力去努力。

当然,在面对孩子初期的失败时,爸爸还需要正确认识孩子的不足,承认孩子的缺点,不要总想着揠苗助长。

(1)定个可以实现的小目标

为孩子设定一个可以实现的小目标,是对孩子的一种赏识。这代表爸爸认可孩子的实力,相信他们能够做得更好。

① 设定目标要符合现实条件

在为孩子设定目标时,爸爸要对孩子的能力有清晰的认知,切不可制定不切实际的目标。当然,爸爸也可以选择和孩子一同决定目标,这种方式常常能有效刺激孩子的积极性,让他们积极参与进来。

② 强化孩子的目标意识

目标设定了,爸爸就要鼓励和督促孩子实现目标,而不是将其作为一个摆设。

③ 给孩子找个竞争者

良性竞争会激发孩子的好胜心,让他们在竞争中不断追求进步。但竞争者的选择对孩子也十分重要,爸爸要挑选一个和孩子实力相差不太大的对象作为竞争对手,让孩子拥有赶上的可能。当然,在竞争的同时,爸爸也要教导孩子友谊第一,不要因为竞争而嫉恨对手。

④ 目标达成后给予奖励

目标达成之后的奖励能让孩子切实体会坚持到胜利之后的喜悦,从而进一步激发孩子追求进步的决心。不过爸爸的奖励最好是非物质的,比如让孩子自主选择一件想做的事情,比如去看电影,还是去游乐园游玩等等。

(2) 适时表示支持和鼓励

有时,孩子虽然已经确定了想要尝试努力一下,但未知的恐惧还是会让他们有所犹豫。这时,爸爸就该发挥作用,用鼓励和支持推孩子一把,让他们大胆尝试。

① 给予示范

很多时候, 爸爸的表现会对孩子有着非常大的影响。比如, 当孩子对某些刺激类游戏感到害怕时, 爸爸如果能站出来示范一遍这些游戏, 孩子就能放下心来, 确认这些游戏是安全的, 自然就能大胆参加。

② 适当说一些反话

有时, 单纯的鼓励并不能让孩子放下所有的戒备和紧张, 但爸爸们要知道, 孩子的天性是喜欢冒险的, 他们也会有自己的自尊心。因此, 当孩子迟迟迈不出第一步时, 爸爸不妨试着说一说 "难道你觉得你自己做不到吗", 以这类话语来刺激孩子勇敢迈出第一步。

③ 鼓励孩子设想成功

这种方法在心理学上已经得到了肯定, 能够有效增强人们的自信心, 孩子也不例外。当孩子犹豫不决时, 爸爸不妨让孩子想象成功之后的画面。那份想象中的喜悦能鼓励孩子前去挑战。

④ 告诉孩子爸爸一直都在

人一旦有了退路, 做一些事情时就会变得果断一些, 孩子也是如此。当他们知道爸爸会替他们兜底的时候, 孩子就会忘却对失败的恐惧, 放手去大胆尝试。

(3) 不要忌讳失败

失败在生活中无从避免, 爸爸们不该忌讳孩子的失败,而应该鼓励孩子乐观应对失败,告诉孩子他们又有一次机会能够做得更好了。失败之后,爸爸的鼓励能引导孩子走出沮丧,重整旗鼓,再次挑战。

第十章

有品的爸爸善挖掘，
激活孩子的潜能量

1. 爸爸别粗心,看看孩子的兴趣爱好

孩子的潜能需要挖掘和培养,爸爸要做的就是找出属于孩子的天赋,并根据孩子的具体情况来制订相应的兴趣发展计划。做好这一点,需要爸爸细心观察孩子的日常生活,并及时做好沟通交流工作。

现实生活中,很多爸爸往往会忽视孩子的各种天赋才能,即便有些孩子表现得很明显,爸爸们也会视而不见,只根据自己的意愿来安排孩子的人生。这种行为必然会造成孩子天赋的消失,最终使孩子泯然于众人。

(1) 要认真对待孩子的提问

孩子总喜欢提出各种稀奇古怪的问题,很多爸爸会觉得厌烦。但其实孩子能提问题,正是他们对某些事物感兴趣的表现。因此,爸爸要耐心对待孩子的问题,帮助他们解决问题,并从中挖掘出孩子的兴趣爱好。

(2) 要多与孩子互动

周末或者节假日的时候,爸爸应该放下手头的工作,陪孩子走出去一同活动活动。在这个过程中,对于

孩子感兴趣的事物,爸爸可以多加留心,尝试找到孩子感兴趣的点。

(3)要重视孩子的劳动成果

有些孩子喜欢动手做一些东西。这些东西都是他们的劳动成果,爸爸看到之后一定要给予肯定和赞扬,而不是漠不关心地走开。有时候,从这些物品中,爸爸也可以简单判断出孩子是否有手工或者是创造方面的天赋。这些都需要爸爸用心去观察判断。

寻找孩子的特长需要爸爸格外用心,而培养和发展特长同样需要付出持久的坚持和努力。那么,在发现孩子的特长之后,爸爸该如何鼓励孩子坚持下去呢?

① 循循善诱,不要棍棒教育

积极培养孩子特长,为孩子打造第二竞争力,爸爸的这一出发点的确是很好的。但在具体的实施上,有些爸爸的教育方式却并不能让人苟同。孩子特长的培养需要考虑到孩子自身的意愿,如果孩子特别厌恶和反对,爸爸切勿动怒责骂或者是动手打人,因为这只会导致孩子更加厌恶学习。爸爸要冷静下来,平静、平等地和孩子交流,询问他们真实的意愿,用真心和耐心劝导孩子学习。

② 鼓励赞扬,不要一味打压

自信是激发孩子努力学习的重要动力,爸爸要学会鼓励和称赞孩子,让他们感受到进步的快乐和喜悦。当孩子偶尔遇到一些困难时,爸爸也不应该出言讽刺,或者说他们不如别人家的孩子。这些话语会对孩子造成极大的心理伤害,并不能激发孩子学习的兴趣。然而,鼓励和信任却能够让孩子在温暖和爱中不断学习,最终实现爸爸的期待。

③ 要良师益友,不要单打独斗

一个好的老师能够让孩子在成功的路上少走很多弯路,爸爸应当为孩子挑选合适的老师,以此来促进孩子的学习。但这里很关键的一点是——教学水平高的老师未必就能成为最适合孩子的老师。有时候,一些老师会使用各种填鸭式的教学方式来逼迫孩子快速成长,但这类孩子无论是在自主思维还是在自我意识的确立上都会存在缺陷。爸爸为孩子挑选的,应该是那种能够启发和引导孩子进步的老师。

2. 提升孩子的思维能力

　　思维能力是决定智力高低的核心因素。孩子思维能力的高低，直接决定着他们在校的学习成绩。良好的思维能力有助于孩子快速理解老师的意思，并通过举一反三来深入理解和记忆知识点。即便是遇到一些不常见的题目，这类孩子也会通过思考来尝试得到答案。

　　因此，爸爸要积极锻炼孩子的思维能力，让孩子勤于动脑、乐于动脑。提问是一种有效锻炼孩子思维能力的方式，爸爸们可以多加利用。比如，看到向日葵的时候，爸爸可以引导孩子提出"向日葵为什么会绕着太阳转"这种问题，以此来鼓励孩子多多思考。

　　具体来说，爸爸可以从以下两个方面出发，帮助孩子锻炼思维能力。

　　（1）鼓励孩子提出问题

　　爸爸对孩子的影响作用是十分全面而深远的，凡事喜欢多问一句"为什么"的爸爸，他的孩子也会更加喜欢提问和乐于思考。因此在教育孩子时，爸爸需要多多鼓励孩子提出问题,并陪同孩子一同寻找问题的答案。

(2) 鼓励孩子独立思考答案

不管是爸爸提出的问题,还是孩子提出的问题,大家都必须得到一个答案。一般而言,当孩子在碰到无法解决的问题时,他们的第一反应往往是寻求爸爸的帮助。这个时候,如果爸爸直接将答案告诉孩子,孩子便少了一个自主思考的过程,思维能力也无法得到较好的锻炼。因此,当一个问题被抛出时,爸爸要鼓励孩子先尝试通过自己的努力去解决。如果无论如何都得不到答案,爸爸再提供一定的帮助也不迟。

日常生活中,爸爸需要格外注意孩子思维能力的锻炼,通过各种提问来引导孩子独立思考。当孩子通过自己的努力得到答案时,他们内心的充盈感和成就感是无可比拟的,而这种美妙的感觉会促使孩子爱上思考。

3. 学会与孩子讨论问题

孩子的成长过程中会出现各种各样的问题，而这些问题都需要爸爸陪同孩子来共同讨论解决。

在讨论的过程中，爸爸不必将答案立即抛出来，只需要给予孩子一定的点拨，让孩子通过独立思考去寻求问题的答案。在探索答案的过程中，孩子的思维能力、判断能力以及语言能力都能得到一定锻炼。

不同观点的碰撞，才可能擦出最美丽的火花。在和孩子讨论问题时，爸爸不必担心会出现各种各样的分歧，因为分歧反而能够拓展大家的思维宽度，让大家考虑问题时能尽力想得更加全面一些。

当然，钻牛角尖的行为无论是对爸爸还是对孩子来说都是不可取的，大家要懂得接受不同的观点和看法，以此来拓展思想的深度和广度。

如果爸爸想要告诉孩子一些道理，不妨采取讨论问题的方式，在讨论中了解孩子的想法，并将正确的观念传递给孩子。这种教育方式的效果通常要远远高于爸爸一本正经的说教。

　　汪俊从小就喜欢自然科学，而他的爸爸也十分支持儿子的兴趣爱好，总是会主动拉着儿子讨论一些自然知识。比如，水在什么情况下会变成固体，又在什么情况下会挥发成气体。

　　不过讨论问题的时候，爸爸不会直接给出答案，而是会鼓励儿子提出自己的观点来，并阐述为什么会这样认为。有时，爸爸提出的问题会有些深奥，他会先一步同汪俊解释这个问题，帮助儿子理解，并询问他是否认同自己的观点。有时，汪俊会对爸爸的结论提出质疑，对此，爸爸也不生气，反而陪着儿子一起查阅资料，寻找正确答案。

　　长此以往，汪俊的知识储备越来越多，在小伙伴们之间也有了"小科学家"的美誉。

　　在与孩子讨论问题之前，爸爸首先要做的不是准备好标准答案，而是做好被孩子质疑和否定的准备。在具体讨论的时候，爸爸也要避免摆出高高在上的姿态，要将自己放在和孩子平等的位置上，心平气和地和孩子讨论问题，一同寻找问题的答案。

　　如果爸爸总是对孩子提出的可能性做出否定，却不给出相应的理由，久而久之，孩子便不会再愿意和爸爸一起讨论。因为在孩子看来,爸爸根本就没有讨论问题的诚意, 他们只是在炫耀自己的知识储备而已。

那么, 爸爸如何做才能保证一场优质的讨论交流大会呢?

(1) 坦然面对孩子的质疑

有些爸爸自视甚高,认为自己就代表着权威,孩子的反抗会让他们觉得丢面子。但其实孩子在否认爸爸答案的时候, 并不意味着他们在否定爸爸的才能和智慧。孩子不会想太多, 他们想要的只不过是讨论出一个答案。因此,在和孩子讨论问题时,爸爸要坦然面对孩子的质疑,并和孩子一同求证,寻找正确的答案。

(2) 避免先入为主

当孩子在阐述自己想法的时候,爸爸不要自以为已经听懂了孩子的意思而直接开口打断孩子,继而开始长篇大论地讲述。在孩子尝试表达的时候,爸爸不妨耐心倾听,在听完孩子的论述后再进行下一步的讨论。要知道,孩子的表达能力就是在这一次次的锻炼中成长起来的,如果爸爸随意打断孩子的表达,只会阻碍他们提高表达能力。

(3) 尊重孩子的意见

有些孩子可能会对某个问题有一种执念, 这时,爸爸们不要强迫孩子立即接受自己的观点,而是要适当表现出对孩子的尊重。只有感受到了爸爸尊重和理解,孩子才会愿意去试着思考爸爸的答案。

4. 胜败乃兵家常事,从竞争中收获精彩

良性竞争能有效促进人类进步。竞争会让人类不断挑战自身潜能,在竞争中体现自我,收获更为精彩的人生。而现代社会是一个人才激烈竞争的社会,如果不想自己的孩子输在起跑线上,爸爸就应该从小培养孩子的竞争能力,让他们敢于竞争。

(1) 培养竞争意识

所谓竞争意识,是指对外界活动产生的一种积极向上、不甘落后的心理反应。有了竞争意识,孩子才会产生相应的竞争行为。因此,爸爸要努力培养孩子形成竞争意识,而不是懒散地待在家庭的舒适圈内,不肯踏出一步。

爸爸需要让孩子明白社会竞争的激烈和残酷,同时也要培养他们的竞争意识,避免孩子因为太过害怕而畏

惧竞争。如果孩子甘于落后,那么他这一生的成就也不
会太高,因此,激发孩子的竞争意识非常重要。

(2)找到竞争优势

在与他人竞争之前,孩子最先应该树立的是自信。
不自信的孩子即便踏上了竞争的道路,也会因为犹豫不
决而错失本该属于自己的机遇。

爸爸需要鼓励孩子相信自己,勇于面对竞争,敢于
告诉别人自己是最棒的。当然,爸爸也要引导孩子认识
自己的优缺点,避免盲目自大。只有清晰认识到了自己
的长处和短处,孩子才能正确应对竞争,不会用自己的
短处向他人的长处比较。

(3)正确认识竞争

有些孩子认为竞争是不好的行为,对于个人的发展
根本毫无意义,而有些孩子却会格外看重竞争的结果,
甚至为了胜利不择手段。不管是哪种,爸爸都应该帮助
他们树立正确的竞争意识,告诉孩子,有竞争才会有进
步。但在竞争的时候,他们也该保持初心,用实力打败对
方,而非通过一些作弊的方式来赢取胜利,那样的胜利
带来的不是荣誉,而是耻辱。

(4)正确与人竞争

面临竞争时,孩子要迅速行动起来,而不是在一次
次的拖延中"延误战机"。正所谓"一鼓作气,再而衰,三

而竭",若是孩子总是推迟行动,那么最终他们好不容易建立起的竞争意识也会轰然倒塌,不复存在。

(5) 坦然面对失败

有竞争的地方必然就有输赢,谁也不能保证自己是永远的胜利者。因此,在竞争开始之前,爸爸就要告诉孩子胜败乃兵家常事,让他们关注竞争的过程,而非结果。

面对那些因为一次竞争失败而失去信心的孩子,爸爸们要适当鼓励,告诉他们一次的输赢决定不了什么。人的一生那么漫长,总会有输有赢。只要在竞争中有所成长,那么这次竞争就是有价值的。

5. 合作能力是孩子成功的基础

合作是在现代社会中生存所必不可少的一种能力。善于合作的人能够有效整合资源,用有限的资源推动事业的完成,最终获得长足的发展。因此,爸爸要重视孩子合作精神的培养,督促他们与同伴和谐相处。

但现在很多孩子都是被爸妈捧在手心里的掌上明

珠，在性格方面或多或少都会有一些唯我独尊的想法。这些孩子往往更加自私，也更不愿意与人合作。

沈岳十三岁的时候以优秀的成绩考入重点中学的初中部，从此开始了寄宿生活。但不过一个月之后，沈岳便向爸爸提出了转学的想法。爸爸几次追问，但沈岳就是不肯告知原因。

无奈之下，爸爸只好前往学校调查，从老师和同学的口中发现了自家孩子的缺陷。

原来，沈岳虽然成绩优异，但团队合作精神十分匮乏，同学们和他都很难相处。

找到原因后，爸爸挑了一个周末，和妻子一同带着沈岳去参加拓展训练活动。活动中的许多项目都需要三人共同协作才能完成。在参加完活动回家的路上，沈岳一直在低头沉思。

见此，爸爸趁热打铁，说道："你不是很喜欢打篮球吗？但打篮球是一个人就能完成的事情吗？就算你的球技再好，如果没人愿意给你传球，你又怎么能赢呢？"

爸爸的话让沈岳再次陷入了沉思。新的一周开始了，这次，沈岳努力融入同学的生活，学习通过合作来获得团队的胜利。时间一长，同学们也都接纳认可了沈岳。

渐渐地他有了许多非常好的朋友，之后再也没有提过转学的事情。

一个人的能力再出众，他所能独自完成的事情也是有限的。但若是大家能够精诚合作，即便是三个臭皮匠，也能顶一个诸葛亮。

因此，为了让孩子在今后的生活中能够更好地发展，爸爸应该重视孩子合作精神的培养。

（1）让孩子懂得合作的重要性

生活中的任何事情都离不开合作，即便是孩子日常所吃的饭菜，也是无数人合作之后的结果。从播种、收割、加工、包装、运输、买卖，再到烹饪饭菜，每一步都是无形的合作。日常生活中，爸爸可以有意识地带领孩子去观察各种需要合作的活动，比如篮球比赛、足够比赛等，以此来教育孩子合作的重要性。

（2）让孩子懂得欣赏他人

"三人行，必有我师焉"，每个人都有自己的优点，这是每一位爸爸都需要教给孩子的一种认知。孩子要学会挖掘和欣赏他人的长处，如此才能更容易找到双方合作的结合点，为将来的合作打下基础。

（3）让孩子懂得如何合作

合作意识决定了孩子能够有意识地与人合作，而合作方式的选择也会决定双方的合作效果的好坏。在平时的游戏中，孩子们可以不断锻炼自身的沟通交流能力，通过游戏明白该如何更为精准地表达自己的需求，以及明确对方的要求。爸爸不妨鼓励孩子多多参与一些集体性的游戏活动，让孩子在游戏中获得长足的进步。